応援する技術

成功するメンタルを育てる
最強のコーチングメソッド

ワニ・プラス

まえがき

日本のアスリートやチームが、当たり前のように世界のトップと対等に戦う時代になりました。

2019年W杯でベスト8に入ったラグビー日本代表、WBCで2回世界一になっている野球日本代表、プロゴルフの渋野日向子、松山英樹、プロテニスの大坂なおみ、錦織圭、プロボクシングの井上尚弥、NBAでプレーする八村塁といった選手たちをはじめ、オリンピック競技の体操、柔道、競泳、バドミントン、卓球、レスリング、フィギュアスケート、スピードスケート、ジャンプの代表選手など、名を挙げればきりがないほどです。

彼らは国際舞台で活躍することで栄光と名声を、また、プロは巨額の報酬を獲得しています。この成功を勝ち取ったのは類まれな素質のうえに、目標達成のために厳しい練習を続ける強い意志があったからこそです。

しかし、もうひとつ欠かせない要素があります。トップを目指す環境をつくり、気持ちを支えてきた親や、指導者の存在です。わが子の指導に愛情と情熱を傾けた代表例は福原愛さんの母、内村航平選手の母、浜口京子さんの父（アニマル浜口さん）、宮里聖志選手、優作選手、藍さんの父、井上尚弥選手の父など。

一方、指導者の多くは「仕事」として、プロフェッショナルとして、この役割を引き受けます。ラグビー日本代表が世界レベルになる土台をつくったエディー・ジョーンズ元ヘッドコーチ、そして、それを受け継いで進化させたジェイミー・ジョセフヘッドコーチ、バドミントン日本代表を世界レベルに引き上げた朴柱奉監督、錦織圭選手のマイケル・チャンコーチ、大坂なおみ選手のサーシャ・バイン元コーチなどです。彼らにとって選手の指導は「仕事」で、担当するアスリートたちが勝利するためには何が必要かを真剣に考え、持てる知識や知恵を総動員します。

親も指導者も、アスリートの成功をサポートする支援者であり、応援者です。

もちろん多くのファンの応援もアスリートを支える大きな力になっています。

とはいえ、世界と戦えるレベルまで到達できるアスリートはほんのひと握り。彼らと同様、同じくらいの時間を費やし、努力を重ねて競技に打ち込んできても、敗れ去る者は無数にいます。敗れた彼らにも支援する人、応援する人がいるのはもちろん、中には世界と戦うアスリートと遜色ない素質の持ち主もたくさんいたはずです。しかし、プレッシャーに弱く勝負どころで本来の力が出せない、敗戦のショックからやる気を失う、スランプから抜け出せない、故障が多い等々の理由で脱落していく人は数知れません。幼い頃、天才といわれたような選手でも、大半は表舞台から姿を消してしまうのです。

そうなってしまうのはなぜなのでしょうか。ほぼ同じ能力を持ちながら、成功するアスリートと、そうではないアスリートの差はいったい何なのでしょう。

私たちはその要因として、指導する側とアスリートが、どんな関係にあったか、ということが大きく影響していると考えています。

私たちは多くのアスリートと接し、親や指導者の関係性もつぶさに見てきました。トップレベルまで行く選手に共通するのは、いうまでもなく厳しい練習を積んでいるということです。どんなトレーニングを行うかについては、まず親や指導者が課すわけですが、そのプロセスで違いが生まれます。

支えようとする気持ちが「正しい応援」「正しい支援」になっている場合は、それが選手を支え、目標に向かって進もうとする意欲を高めます。

実際、勝利を手にした多くの選手は「応援が力になった」「何より観客の声援に励まされた」「家族やスタッフの支えに感謝したい」と話します。

しかし、いくら家族や指導者、スタッフ、そしてファンが選手の成功を願っていても、無意識に選手がやる気を失うような言葉をかけたり、効果がほとんど期待できない練習に多くの時間を費やすことを課していれば、選手の競技に対するモチベーションが下がり、「どんなに頑張っても自分には無理」と思わせてしまうことはあるのです。選手の気持ちを支え、勝利に導く立場なのに、むしろ足を引っ張る存在になっているケースも多いのです。

人を支え、応援するには、気持ちだけではなく、「技術」が必要なのです。

その技術が、欧米先進国でスポーツの世界だけでなく、ビジネスでも活用されている人材活用のためのコーチングというものです。

私たちはＳＣＭＡ（エスシーマ=Successful Coaching Method for Athlete）というコーチングプログラムを考案し、構築し、主にスポーツ選手に携わる指導者、トレーナー、インストラクターやそれらの業務に関連性のある病院関係者、フィットネスクラブのマネジャーなどの皆さんにこのメソッドを伝える活動をしています。

本書では、ＳＣＭＡで行うカリキュラムの一部をご紹介しながら、スポーツ選手の指導者、スポーツ選手を目指す子どもたちの親にとって必要なスキルを解説していきますが、ビジネスの現場やご家庭、教育現場などで役立つヒントも多く含まれています。

さまざまな現場でスポーツやトレーニングの指導にあたっている方、スポーツに取り組んでいるお子さんを支えようとするご両親はもとより、ビジネスの現場で部下、後輩の指導をする立場の方にとっても、このメソッドはきっと役立つと思っています。

大切に思う誰かを支えたい、応援したいという気持ちは素晴らしいものです。その気持ちにコーチングという「技術」が加われば、その気持は２００％の効果になるでしょう。

何よりも、決してただ「勝つこと」だけではなく、相手の人生をよりよいものにするために、役立つことになるのではないでしょうか。

その一助となるために、この本で紹介するエピソード、アドバイスが、何かひとつでも皆さんの参考になれば幸いです。

森本貴義
中野達也

もくじ

第3章 子どもを成長させるコーチングの技術 49

第4章 トップチーム、名コーチに学ぶ人を支え、伸ばす技術 73

第5章 「ワンチーム」のつくり方とチームリーダー、キャプテンの役割 97

第6章 逆境を乗り越えるメンタルを育てるコーチング 111

第7章 ビジネス現場でのコーチング 133

第10章 シーンごとの「支える技術」「応援する技術」Q&A 201

第1章

コーチングってなんだろう

そもそも「コーチ」とは何をする人か？

「コーチ」というと、皆さんはどんな人のことを思い起こすでしょうか。プロ野球なら監督のもとでバッティングやピッチングなどを専門に指導する立場の人、学校の部活ならば教師が兼任する部長とともに実技を指導してくれる人、などでしょうか。

実際、プロ野球チームにはバッティングコーチやピッチングコーチ、サッカーチームにはGKコーチやフィジカルコーチといった職種があり、選手に技術を教える役割を果たしています。

しかし現在「コーチング」とは、相手の潜在能力を引き出し最大限の力を発揮させることを目指す能力開発、人材育成の方法論のことを指す言葉として認知されるようになっています。

コーチ＝coachとは英語で馬車のことです。そこから、相手の行きたいところにたどり着けるようサポートする人を「コーチ」、コーチが行うことを「コーチング」と言うようになったのです。

ただ、スポーツチームのコーチが一般的に行っているのは、多くの場合が一方的に教える「ティーチング」であり、相手を尊重し、相手が行きたいところへ導く「コーチング」とはニュアンスがだいぶ違います。もちろん個々のコーチが「コーチング」の意味を理解し、あるいはコーチングという言葉を意識していなくても、技術の指導だけではなく、これからお話しするようなことを行っているケースも数多くあります。

コーチングという言葉が使われるようになったのは最近です。初めて登場したのは1959年に発行されたハーバード大学マイルズ・メイス助教授の著書ですが、方法論が確立したのは1990年代。アメリカを中心に広がっていき、日本でも知られるようになったのは1997年です。

それから20年あまり、多くの企業がコーチングによる人材育成、能力開発の方法論を取り入れるようになり、その指導を行うコーチを養成する団体（会社）もつぎつぎに生まれました。コーチングは今、ビジネス分野で最も注目される人材開発手法のひとつです。

従来の発想とは正反対の「人を伸ばす」方法

なぜ、多くの企業がコーチングに飛びついたのでしょう？

それは、日本の企業が経営や組織統治のお手本としてきたアメリカでポピュラーになった新たな人材開発手法だったからということもあります。しかし、それ以上にコーチングが、それまで日本で行われていた人材育成の発想とはまったく違う方法であり、時代の変化に対応するための大変革には欠かせない方法論だったことも大きいと思います。

日本の会社はかつて年功序列、終身雇用が当たり前でした。社長を頂点としたヒエラルキーが形成され、社員は会社や上司の命令に従うのが大原則という時代が長く続きました。個の能力やアイデアを発揮する機会が与えられることは少なく、仕事に対するやりがいはあまり感じられないけれど、そのかわり真面目に働いていればそれなりに出世でき、定年まで生活が保障されるというものでした。

そうした社会の中で、上司の指示、命令は絶対です。先輩の命令も絶対。常に指示は上から下への上意下達が鉄則でした。

しかし企業間の競争は激しさを増す一方です。年功序列、終身雇用の会社運営は難しくなり、今いる人材、個の能力を最大限活かす必要性が生まれました。タテで成り立っていた会社の構造をヨコに変えるには、真逆の発想のコーチングを取り入れるしかなかったのです。

コーチングにおいて、コーチとクライアント（コーチを受ける側）の関係は上下関係ではなくフラットです。そして「傾聴」「質問」「承認」といわれる形を基本として行われます。

コーチは相手（クライアント）の「上の立場の人」「偉い人」としてではなく、まったくフラットな関係性で話を聴くことから始めます。

人は誰もが自分のことや考えを話したい、誰かに聴いてもらいたいという欲求を持っています。さまざまな相談がそうです。抱えている悩みや決断できずに困っていることを親しい人に相談します。目的はアドバイスをもらって答えを出すことですが、実は、誰かに話をしたいという気持ちの表れが「相談」です。自らの悩みを誰かに話すことで、ガス抜きをしてスッキリしたいのです。人生相談に訪れる人のほとんどは、すでに「結論」を自分の中で出しているといわれます。それを「相談」という形で誰かに話し、背中を押してもらいたいという気持ちが強いのです。

また、人間は本質的に「質問に答えたい」という気持ちを持っています。質問内容が自分のことであれば、なおさらその気持ちは強くなるでしょう。質問することは「相手に関心を持っている」ことの表れで、質問された人は「この人は自分のことを知りたがっている」「自分に関心を持ってくれている」と感じることができます。だからこそ、質問相手に気持ちよく答えることもできます。

さらに、自分の答えをじっくり聴き、つらかったことも受け入れてくれるという「承認」は、それだけで人の心を落ち着かせ、時には癒やすことにもつながります。こうした手順を踏みながら、コーチとクライアントはお互いの信頼関係を深めていくことができます。

逆に言えば、クライアントの不満はこれらの欲求が満たされないときに生まれるということです。自分の話を聴いてくれない、自分のことをわかってくれない、理解しようともしない、という不満が募れば、「自分の存在がまったく認められていない」としか感じません。

こうした不満を抱えている人が、一方的に仕事やトレーニング、勉強を命じられても、前向きに頑張れるはずはありません。

しかし、上司と部下の間に良いコミュニケーションがあり、お互いの間に信頼関係があれば、積極的に厳しいノルマのある仕事にも取り組めるようになります。その結果、仕事の効率は上がり、企業の収益も伸びるという考え方がコーチングです。

もちろん人間関係に相性の良し悪しはつきものです。ウマの合わない人もいれば、価値観の違う人もいて当然です。「どうもあの人、苦手なんだよなあ」と感じる相手との関係はやはりギクシャクします。

とはいえ、職場やチームに「傾聴」「質問」「承認」といった形の、良いコミュニケーションをしようという空気が根付いていれば、相性の悪さは腹におさめて歩み寄っていくことができるはずです。

日本のタテ社会を象徴する「学校の部活」

日本のタテ社会を象徴するのが学校の部活です。とくにスポーツ系の部活はその傾向が強く、ひと昔前の部活を経験した人ならよくご存じだと思います。とにかく「偉い」のは監督であり最上級生。1年生はたとえ理不尽な命令でも従うことを強制され、練習ではグラウンド整備やボール拾いといった雑用ばかりをやらされてきました。有望新人の場合は実戦的な練習にも参加できるでしょうが、それ以外の選手たちは、ひたすら走らされるか声出し要員で、上級生の機嫌を損ねるとしごかれたり、説教を受けることになります。2年生になると、やっと練習に参加できるようになり、3年生になると自分がされたのと同じように下級生の上に「君臨」するのです。この「体育会系」と呼ばれる部活のあり方が続いてきたのです。

企業もこの体育会系学生を高度成長期以来、ずっと積極的に採用してきました。運動部出身の学生は挨拶がちゃんとできる、先輩・後輩の礼儀をわきまえている、体力がある、組織のルールを守れるといった点だけでなく、上の命令には必ず従うという特性が、高く評価されたのです。つまり会社もタテ社会だったわけです。

この構造には歴史的背景もあります。江戸時代の身分制度で、その最上位にあった武士は殿様の命令に絶対服従でした。明治期以降もそれは軍隊に引き継がれ、戦後も会社や学校の部活に残ったのです。

しかし、最近になって、この構造や体質を変える必要が生じました。国内で企業間競争が行われていた時代は大多数の会社が同じ体質だったので問題視されませんでしたが、グローバル化が進み世界を相手に競争せざるを得なくなると、タテ構造のままでは会社は立ち行かなくなることがわかってきたのです。この流れに沿って若い世代の考え方も変わりました。いまだにタテ社会を温存した経営をしていると、ネットでブラック企業、パワハラ上司という悪評が広まり、優秀な人材が集まらないだけでなく、早期に離職する人も出るようになったのです。

グローバル化とＩＴ化、ネット社会が一気に押し寄せ、人の価値観も考え方も大きく変わりました。前述したように、企業がその変化に対応するにはタテ構造をヨコに大変革するしかなくなったのです。そこで注目されたのがコーチングでした。

コーチングは傾聴（よく聴くこと）、質問、承認（認めること）の3つを軸にして行われます。人間は複雑ですから、これを何回かやったからといってすぐに効果が出て、互いの関係や組織の体質が激変するわけではありません。しかし、時間をかけてコーチングの手法を身につけ、日常的にも実践することで着実に効果が出ます。

まず、コーチに自分のことを話すことで気分が晴れていきます。質問を受け、その答えに共感してもらえることは、会社や仕事に対する不満といったマイナス要素を少しずつ消すことにつながるからです。それによって気持ちが前向きになっていくのです。

コーチングで行われる「質問」は、あらゆる角度のさまざまな問いかけです。会社の枠を超え、時には「人生の目標」や、「あなたが社会に貢献できるとすれば、どんなことか」と問いかけることもあります。仕事に関しては「プレッシャーを感じることはある？」「成果が上がらないときは、どう感じる?」などです。こうした質問と答えを繰り返していくうちに、気づかなかった自分の個性や特性が見えてくることがあるのです。

「会社が自分のために何をしてくれるのか」ばかり考えていた人の心の中にも、「会社のために自分は何ができるか」という考えがまず浮かぶようになります。そして自発的、主体的に動こうとします。また、質問によって気づいた個性や特性をどう活かせば会社に貢献できるかを考え、そのための努力につながるのです。

体育会組織と、監督の「熱血指導」でつぶれた選手たち

現在、コーチングの手法は会社での能力開発、つまりビジネスの分野で注目されていますが、そもそもこの手法は、スポーツの世界の指導者とアスリートの関係に、その源があります。スポーツの指導者は技術を教えるだけではなく、選手を精神的にも支え、時には励まし、時には自省を促し、アスリートたちが高いモチベーションを保ちながら、最高のパフォーマンスを発揮できるように支援しますが、そこには競技技術以外のさまざまなセオリーや手法が含まれています。これは多くの場合選手にとって、技術的なアドバイス以上に大きな意味を持ちます。記録が伸びないとき、練習方法に悩むとき、ケガのリハビリで苦しんでいるとき、将来に不安

を感じているとき、どうしてもやる気が出ないとき、スランプを乗り越えられないとき、周囲からの期待につぶされそうなとき、あるいは調子が良すぎて油断しているとき――そんなとき選手にとって必要なのは技術的なアドバイスではありません。

スポーツの世界で一流になったアスリートには、必ず優れたコーチがいます。彼らはどうやってアスリートたちを支えているのか？　そうしたことから、スポーツにおける優れたコーチの存在と、重要性、そして手法が注目されるようになったのです。

優秀なコーチのノウハウを取り入れることによって、企業内で上司と部下、先輩と後輩、同僚同士の関係がより良いものになり、いずれの立場の人もそれぞれに高いモチベーションを保ち、やりがいを感じながら仕事ができれば、結果として仕事の効率も上がり、企業収益も上がると考えられるようになったのです。

それが体系化されたものを「コーチング」と呼ぶようになりました。

スポーツ指導者のノウハウは、仕事の現場はもちろん、教育現場、家庭にも応用できます。こうしてコーチングの概念は、スポーツの枠を超えて広く知られるようになっていきました。

しかし日本の場合、大きな問題がありました。今、コーチングという考え方の源はスポーツの世界だ、と書きましたが、日本のスポーツ界というのは独特です。前述のようにスポーツ界も長らくタテ社会のままだったからです。

部の頂点に君臨するのが監督。「オレの指導に従っていれば強くなる」「オレが全国大会に連れて行ってやる」という論理で強いリーダーが部を率い、部員たちには有無を言わせず、長く厳しい練習を課すということが続いていました。昔はこのスタイルの指導が当たり前でしたから、より厳しい練習をした学校が好成績を収めることになります。その厳しさは指導者の情熱として受け止められ「1年のうち休みは元日だけ」とか「暗くなっても練習が続いた」などといったエピソードは好意的に報道されました。そして、そんな指導を実践した指導者は名監督として称えられたのです。

また、選手のほうもそんな指導を受け入れていました。とくに素質に恵まれた選手には競技力で人生を切り開きたいという思いがあります。それを実現するには名監督のいる学校に入り、全国大会に出て実力を示さなくてはなりません。だから猛練習にもしごきにも耐えようという覚悟を持って入学します。

上級生が下級生を厳しく管理する構造も延々と受け継がれました。礼儀が身につく、組織のルールに従えるようになる、忍耐力がつくといった理由から、家庭からも世間からも好意的に見られていたのです。

そして、タテ構造の厳しい部活に耐え、全国大会で好成績を収めたチームの中から、とくに目覚ましい活躍を見せた選手がプロや社会人のトップチームに行き、そこから日本代表になって世界と戦うという構図が続いたのです。

しかし、勉強などできないほどの長時間練習にも耐え、時には罵詈雑言としごきの嵐にも耐えてトップレベルまで行けるのは、ほんのひと握りの選手です。部のしきたりや猛練習に耐える覚悟、強靭な体力があった者だけが生き残ったといえるでしょう。その陰には、素質はあったのにその厳しさに心も体もついていけず、競技から去った者が無数にいたはずです。

タテ構造の部活のあり方は今も伝統校などには色濃く残っています。しかし、今や「根性主義」は古いと言われるようになり、指導者や上級生が選手を殴る、罵倒するといったことは社会的にも許されない時代になりました。

暴力的な指導は明らかに減ってきたとは思いますが、それでも「体育会的指導」はさまざまなスポーツの現場、部活の現場で無数に見られます。

最近はビジネスパーソンのほうがずっとコーチングに詳しく、実際に取り入れている企業も増えているのですが、むしろスポーツ界の監督、コーチのほうが、コーチングの理論に疎いことも多いのではないでしょうか。

しかし、旧態依然とした体育会系の方法論、選手育成論、教育論は、根本的にあらためられるべき時代が来ています。

「ワンチーム」をつくった2人のヘッドコーチの手法とは

近年、やっと日本でもタテ構造を排して成功したチームが増えてきました。

なんといっても、2019年に日本で行われたラグビーW杯で強豪国をつぎつぎに破ってベスト8に進出し、日本国中を熱狂させた日本代表チームがそうです。

ラグビー日本代表はアジアではナンバー1の力を持っており、W杯には第1回大会から連続出場していますが、強豪国との実力差は歴然で第2回大会(1991年)で1勝して以降、20年以上勝利できずにいました。そんな弱小チームを強豪国と対等に戦えるまでに引き上げたのが、オーストラリア人のエディー・ジョーンズヘッドコーチでした。

ジョーンズヘッドコーチは選手に世界一ハードな練習を課したといわれます。しかし、頭ごなしに猛練習をさせるのではなく、これからやる練習は何のために必要か、トレーニング理論を交えて選手に説明したうえで練習をさせたそうです。強くなって強豪国に勝ちたいと心から思っている選手たちですから、そのために必要と言われれば納得します。「やらされる」のではなく、自主的にハードなトレーニングメニューをこなすようになったといいます。

厳しい練習を課す一方で、休養も重視しました。体を休ませるための十分な時間をとり、フレッシュな状態でトレーニングに臨む重要性を選手に説いたそうです。ジョーンズヘッドコーチは指導者としての姿勢も選手からリスペクトされました。早朝の練習では誰よりも早くグラウンドに出て、準備をしていたといいます。古いタイプの指導者にはふんぞり返った態度の人が多いのですが、そんな部分は少しもなかったのです。

そしてジョーンズヘッドコーチがチームをつくるうえで、最も大事にしたのはコミュニケーションでした。

ラグビー日本代表選手には、帰化した外国人選手、外国籍の選手も含まれます。よりよいコミュニケーションが通常のチーム以上に必要だったことは言うまでもないでしょう。

ジョーンズヘッドコーチは選手同士はもちろん指導スタッフを含め、練習でも試合でも声をかけ合うことを求めましたし、グラウンドを離れても話をして互いを認め合うよう仕向けたそうです。選手には個々に話を聞き、質問を投げかけ考えさせることもしたといいます。そして個々の性格やプレーの特性を把握し、チームをまとめていきました。それこそがまさにコーチングの手法そのままです。世界一ハードな練習を積んだ選手たちがこうして一丸となったことが、強豪南アフリカを破るというジャイアントキリングにつながり、そこで得た自信がサモアやアメリカにも勝ち3勝1敗の好成績に導いたのだと思います。

この日本代表を引き継いだニュージーランド人のジェイミー・ジョセフヘッドコーチは、指導の方向性や戦術などで独自の方向性は打ち出したものの、ハードな練習とコミュニケーションを重視するチームづくりは踏襲しています。この指導によってチームはさらにビルドアップされ、流行語にもなった「ワンチーム」になって目標のベスト8進出を果たしたのです。

「勝つこと」だけではなく「自分の価値」「人生の意義」を考えさせるコーチング

コーチングでは仕事に関連することとは別に、相手の人生観などを質問することがよくあります。「どうなることが自分にとって幸せなのか」とか、「社会での自分の存在価値はいったい何だと思うか」といった問いかけをするのです。

ラグビー日本代表の選手の多くはベスト8になった喜びを表すだけでなく、「良いプレーをし試合に勝つことで多くの人にラグビーを好きになってもらいたかった」「ラグビー界の未来のために頑張った」などと語っていました。もちろん個人的にはゲームを楽しみたいとか勝利の喜びを味わいたいという思いもあったでしょうが、同時にもっと大きなラグビー界への貢献という意識を持っていたのです。

最近のアスリートはこれに近いコメントを残すことが少なくありません。たとえば東日本大震災の後には「自分の頑張りで被災地の方々を少しでも元気づけられればうれしい」といった発言をするアスリートが大勢いました。自分が第一線で競技をできるのは多くの人の支えや応援があったからであり、そのお返しとして戦う姿を見た人に勇気や元気を感じ取ってもらいたい、競技、演技を見て楽しんでほしい、前向きな気持ちになってほしい、という社会貢献や自分の存在価値の意識を持っているのです。

こうした選手が目立つようになったのは、勝つための指導だけでなく、コーチングの手法に非常に近いさまざまな問いかけをしている指導者が増えているからではないでしょうか。

上からの一方的な指導で選手の心身を追い詰めることもなく、持てる実力を十分に発揮させ、しかも人間的に成長させる。こんな指導者は当然、高い評価を受け、好素材が集まるようになります。そして好成績を残し続ける、という流れが日本のスポーツ界にもできつつあるのです。

スポーツにおけるコーチングは「応援の技術」「支援の技術」と言い換えてもいいでしょう。

応援も支援も、アスリートに試合で実力を発揮させるためにするものです。勝利という目標に向かうには、技術の指導はもとより、精神的な支えになることも、十分な環境を用意することも必要になります。アスリートの成功をサポートする指導者や保護者はまさに応援者です。だからこそ「応援する気持ち」だけではなく、応援する技術、支える技術を身につけておかなければならないのです。

第2章

日米のコーチングの現場から

コーチングで選手を伸ばすアメリカのスポーツ界

私（森本）は23歳の時、オリックス・ブルーウェーブ（現バファローズ）のトレーナーに採用されました。何の実績もない若造が、誰もが憧れるプロ野球選手の体のケアをまかされることになったのですからモチベーションはマックスでした。当時の仰木彬監督やコーチ陣、10歳以上も年の離れた先輩トレーナーの指示に従い、トレーニング指導やストレッチ、マッサージなどまかされた役割を全力で果たしていました。

日本の野球界はタテ社会です。少年野球から中・高・大学の学生野球、社会人やプロ野球に至るまで指導者や年上の選手がチームを支配する構造があります。当時のオリックスもそうでした。しかし、私自身もそれまでこうした環境で成長してきたので、とくに疑問も違和感などを強く感じることもなくトレーナーの仕事をしていました。

その経験を数年間積んだ後、思いがけず当時オリックスと提携関係にあったメジャーリーグのシアトル・マリナーズのトレーナーを務めることになったのですが、そこで過ごした日々は驚きの連続でした。日本的なタテの構造とはまったく違う世界だったからです。

もちろんメジャーリーグの球団にもヒエラルキーはあります。トップにはオーナーがいて、その下には経営陣やチームづくりを担当するゼネラルマネジャー（GM）がいます。現場で指揮を執るのは監督ですが、練習を強要したり、上から精神的に押さえつけるようなことはありません。「放任」にも見えますが、選手の自主性にまかせているということです。試合に臨む態度などに問題がある選手を、指導者が叱ることもないわけではありませんが、むしろレギュラーから外す、あるいはマイナーリーグに降格するなどの、はっきりした処分を下すことのほうが多いのです。

アメリカのプロ野球はトップにメジャーリーグがあり、その下にトリプルA（3A）、ダブルA（2A）、アドバンスドAなど多くのチームが7段階にクラス分けされています。3A以下のマイナーリーグは報酬も微々たるものでとても生活は成り立ちません。だからこそマイナーリーガーたちはなんとしてもメジャーに這い上がろうと激烈な競争をしています。GMなどの球団上層部は、その選手が戦力として使えるかどうかを判断するだけ。それに値する選手になる努力をするかどうかは本人次第であり、練習を強要したり締めつける必要はなく、実にドライなのです。

それに比べると選手への干渉が多い日本の指導者は非常にウェットです。良し悪しは別として、指導に情が含まれているとも言えるでしょう。同じ野球でもその考え方はまったく違うのです。

晴れてメジャーに昇格した選手も安心しているわけにはいきません。同じポジションに自分

バッティング練習前のケン・グリフィーJr選手と著者（森本）。
（2009年夏セーフィコ・フィールドのグラウンドにて）

以上の実績を残している選手がいれば、彼との競争に勝たなければメジャーに定着することはできません。また、自分と同じようにマイナーから這い上がろうとしているライバルもたくさんいます。負ければまたマイナーに逆戻りです。メジャーに上がってからも厳しいサバイバルが続くのです。自分はこの場所で生き残れるのだろうか……。メジャーリーガーは常にその不安を抱えながらプレーしています。

中継画面に映るメジャーリーガーは、誰もがハツラツとプレーしているように見えます。途方もない年俸をもらって、人もうらやむ生活をしているようにも見えるでしょう。しかし実際には、厳しい競争に勝ち続けなければならないプレッシャーと必死で戦う日々を送っているのです。とくに中南米出身の選手などは一族郎党何十人もの生活を背負っているケースも少なくありません。「故障してプレーができなくなったら」「スランプに陥ってマイナー落ちしたら」といった不安と背中合わせの状態にあるわけで、そのため精神的に追い詰められてしまう選手もたくさんいます。

ただ、メジャーの球団には、そうした選手の精神面をケアする存在がいます。それがメンタルコーチです。カウンセリング、セラピーを行う医師も常駐しています。メンタルコーチは元気がない選手、悩みを抱えていそうな選手がいたら、声をかけて話を聞き、心が折れそうな状態であれば支えとなる言葉をかけ、気持ちを前向きにさせるのです。メンタルコーチと選手のコミュニケーションにも、しばしば「コーチング」の手法が使われます。

日本とアメリカで大きく異なるコーチングのスタイル

私は幸いにも、若い時期にオリックスとマリナーズのトレーナーを務めたことで、日米の指導の違いを知ることができました。

日本の場合は、現役を引退した選手がコーチとして就任します。現役時代に輝かしい実績を残した人か、監督の人脈の中にいた人で、中にはとくに自身で指導の勉強もせず、いきなりコーチになる人もいます。そのほとんどの人が行うのは「コーチング」ではなく「ティーチング」

です。「コーチになった以上、教えなきゃならない」と思うのでしょう。中には「オレが、オレが」という感じで、担当外の選手にまで片っ端から教えまくる人もいます。とくに現役時代に実績を残した人は自分が体得して成功した技術や理論を正しいと信じ、自分の方法論を押しつける傾向があります。選手のほうも厳しい上下関係の中で生きてきて、上から言われたことには従う習性がありますから、素直に教えを受け入れます。しかし、選手は一人ひとり骨格や筋肉のつき方、動作への感覚などが異なりますから、コーチが現役時代に成功した手法がすべての選手に当てはまるとは限りません。もちろんコーチに教えられた技術や理論がぴったりはまって成功する選手もいるので、すべてに問題があるとはいえませんが、中には考え方が合わず、つぶれてしまう選手もいるのです。

アメリカでもコーチになるのは半数がメジャーリーガーとして活躍した後に現役を引退した選手です。しかし引退してすぐにメジャーのコーチになることはほとんどありません。マイナーリーグのチームでコーチ修業を積み、指導実績を認められた人が昇格し、最終的にメジャーに上がるパターンが多いのです。

後の半数はメジャーリーグでは選手としては活躍できず、マイナーリーグで過ごし、選手としては挫折を味わった人。彼らはやはりマイナーリーグのコーチなどを経て、現役時代の実績はなくてもコーチという仕事で評価され、結果メジャーリーグで、コーチの仕事を勝ち取った人たちです。

いずれの場合も、コーチたちの指導スタイルは、日本のものとは大きく違っていました。たとえばスランプに陥った選手がコーチに助言を求めに来ます。日本のコーチなら「ここが悪いから、こう直せ」と言いそうなところですが、メジャーのコーチは「好調なときのフォームと比べると、今はここが違っているように見えるけど。君はどう思う?」と選手に聞くのです。「What do you think?」——必ずと言っていいほど、会話の最後にこう聞きます。

そんな調子で会話を続けながら、選手の不調の原因を探っていくのです。そして選手が納得したうえで、修正を試みます。そして日々選手の意見を聴きながら、良いときの感覚を取り戻せるように持っていくわけです。

この指導スタイルの違いを見て感じたのは、日本はコーチが「教えるのはオレだ」と主役になろうとする傾向があるのに対し、アメリカは「正解を見つけるのは選手、コーチはそのサポートをする存在」ととらえ、選手を主役としている点です。コーチングとは相手が自ら「気づく」ことを促すための手法です。プロになる選手は誰もがすごい能力を持っていることが前提です。それを発揮し、パフォーマンスとして見せるのは選手自身です。選手の気づきを引き出すことができれば選手として輝かせることができる、という考え方が当時のアメリカのコーチにはありました。

相性の良し悪しを問わずに選手の能力を引き出すスキル

アメリカでは分業制が明確で担当外のコーチの指導には口を出すことはありません。同僚として親しくすることはありますが、お互い専門分野のプロとしてリスペクトしているのです。その一方で厳しい立場でもあります。投手陣の調子が上がらなければ、ピッチングコーチはすぐに解任されますし、バッティングコーチも同じです。コーチも選手同様、勝負の世界でサバイバルをしているわけです。

日本の場合は専門領域の境界が曖昧で、担当外の指導にまで関わろうとするコーチがよくいます。また、担当分野の成績が悪くても、コーチがシーズン中に解任されることはまずありません。良く言えば家族的、悪く言えば「なあなあ」の甘さがある指導体制ともいえます。ただ、日本のコーチにも評価できる点はあります。とにかく面倒見のいい人が多いこと。選手から見れば、相性の良いコーチと出会うことができれば、実力を伸ばしてくれる存在になるうえに、モチベーションも保てます。コーチは自分の活躍を支えてくれる恩人になるわけです。

しかし相性を問わず、どんな選手に対しても能力を引き出す働きかけをするには、コーチングの手法を取り入れるべきだと思います。

私はアメリカに渡った当初、なかなか選手と良いコミュニケーションがとれませんでした。

下っ端のアスレティックトレーナーですからずいぶん選手たちからもからかわれました。野球の経験が少ない私をキャッチャー役にし、とても素人には捕れるはずもない変化球を投げ込まれたこともありました。私が捕れないとみんながゲラゲラ笑います。私は、まず野球そのものを勉強し、練習もしました。やがて捕れるようになると「なんだつまらん」と、「いじめっ子」は私にかまわなくなるのですが、こうしたことも要は「コミュニケーション」がまったくとれていなかったためです。

体のケアについても同様です。技術的にはある程度の経験、自信があっても、それだけで相手が納得するケアをすることはできませんでした。

私は、コミュニケーションの重要性を心の底から痛感しました。

コーチングを必要としなかったイチローさん

マリナーズでコーチングの有効性、必要性を痛感した私は、アメリカでその手法を本格的に学ぶことになります。

また、マリナーズではエースとして活躍したフェリックス・ヘルナンデスからトレーナーとしての技術を認められ、球団を退団した２０１３年以後もパーソナルトレーナーを務めることになりました。その後は２０１９年まで6年間、フィジカル面のケアや体調管理のアドバイス、そして時にはコーチングの手法を使って、話し相手も務めました。彼は２０１９年まで所属したマリナーズの15年間で１６９勝という素晴らしい成績を残していますが、その勝利に少しでも貢献できたのではないかと思っています。

そうした実績が買われて野球選手以外のアスリートとも多くの知己を得、チームだけでなく個人のトレーナー、つまり１対１の仕事もするようになりました。

こうした人間関係で触れないわけにはいかないのがイチローさんです。

私がオリックスのトレーナーに採用されたのは１９９７年。仰木監督の発案で登録名を「鈴木一朗」から「イチロー」に変えて大ブレイクした１９９４年から3年がたった年です。彼はパリーグを代表する選手のひとりとして、ますます今後が期待されていました。私は彼と同学年で、寮の部屋も近かったので、すぐに親しくなりました。その後、マリナーズでも選手とトレーナーの関係が続くことになり、不思議な縁を感じたものです。

トレーナーはアスリートのケアをする際、多くの会話をします。厳しい勝負の世界で生きるアスリートは強い精神力の持ち主だと思われている方も多いでしょう。しかし彼らも同じ人間です。悩みがあって試合に集中できないこともありますし、強敵と対するときは不安を感じることもあります。ほとんどすべてのアスリートが、そうした弱さを持っており、誰かの支えを必要としているといえます。

選手から悩みを打ち明けられることもよくあります。自分の話を聴いてもらい、少しでも楽になりたいという心理からでしょう。コーチングの有効性もここにあるわけです。

ところがイチローさんだけは例外でした。話を聴いてもらいたいという素振りさえ見せないのです。天才的なバッティング技術を持つイチローさんでも急に打てなくなることはあります。さすがの彼でも、そんなときには気持ちが沈み、考え込むこともあるはずです。でも、決して他人にそんな弱さを見せようとしない。間違いなく精神面のケアを自分自身ででき、その不調の原因を自分で改善することができるのです。そして短期間のうちに調子を取り戻してしまいます。彼の中に「もうひとりのイチロー」がいて、自分で自分のコーチングをしているのかもしれません。ともあれ、どんな悩みがあっても自分の中で消化し、立ち直ることができる＝つまりセルフコーチングができる選手だったのです。コーチングの目的のひとつはこのセルフコーチングですが、指導を受けずにそれがもともとできる人はほとんどいないと言っていいでしょう。だからこそ、普通はコーチが必要になるのです。

私が見てきたアスリートの中でもイチローさんは稀有な存在でした。自分で自分自身に質問ができ、答えを導くことができる選手であり、内的対話が多い選手であったと思います。

相手との距離感は近ければいいとは限らない

そうしたことからマリナーズ時代、私はイチローさんとは親しいとはいえ、常に一定の距離を保って接していました。自身で問題を解決できる人に第三者が干渉しすぎることは、むしろ鬱陶しいのではないかと思ったからです。

私はその当時から、アメリカの現場で選手との関わりを試行錯誤して自分の中のコミュニケーション方程式をつくっていき、さらにそれを土台に、アスリートに接する際、相手の性格や個性をよく観察して見極め(これをキャリブレーションといいます)、それに応じて最適な距離をとるようにしてきました。

いきなり相手の心や体に踏み込んでいくのではなく、まず相手をよく観察すること。そこからできる限りの情報を得ることが大切だということを学んだからです。

アメリカに渡った当時、日本との違いにとまどい、また言葉の問題などによりまったくコミュニケーションがとれなかったときにも、「まず相手を見ること」に時間を費やしました。普段はどういう話し方をする選手なのか、イライラしたときにどんな動作をするか、好調なときと不調なときの口調やしぐさはどう違うのか、表情はどう変化するのか、を見続けました。それがコミュニケーションの基礎になっていきました。

アスリートに限らず人間のタイプはさまざまです。寄り添うように接してほしいタイプ、遠くから見守っていてもらいたいタイプ、その中間ぐらいがいいタイプ、あるいは気分に応じて寄り添ってもらいたいときと距離を置いてほしいときがあるタイプがいます。

私はもともと、相手とは一定の距離を置いて接するほうです。ただ、トレーナーとして多くのアスリートと接していくうちに相手が望んでいる距離感がわかるようになりました。「もっとオレの中に踏み込んできてくれよ」という人もいれば、「この範囲から内側には入ってこないでくれ」という人もいます。表情やしぐさ、交わす会話から、それがなんとなくわかるのです。

相手との距離感を測って接することはもともと無意識にやってきたことですが、明確に意識するようになったのは、イチローさんがきっかけです。オリックス時代から同じ現場にいる仲間でもあり、人間関係にも問題はないのですが、フィジカルやメンタルに関してイチローさんは独自の考えを持っており、遠くから見守ることも必要さえないという感じだったのです。そういう「極端なタイプ」と出会ったことで、人と人の距離感の大切さを明確に認識したわけです。

コーチングでは、通常の人間関係よりも距離の近いコミュニケーションをとります。相手の話を聞き、その内容に共感し、受容し、質問します。気楽に答えられる質問もあれば、内面に踏み込む質問もあります。こうしたプロセスで信頼関係を築いていくことが目的です。

人間には「これ以上踏み込んでもらいたくない」という領域があります。それを会話を通して探りながら、相手が安心して話せる距離を見つけていくのです。「距離を近くすることが目的」というより「最適な距離」を探すと言ったほうがいいでしょう。信頼関係を早く築きたいからと、相手の内面に土足で踏み込むような質問をすることは、まったくの間違いです。

プロゴルファー宮里優作選手に行ったコーチング

私は担当するアスリートに対して体のケアをすると同時に、そこで交わす会話にコーチングの手法を取り入れてきたことによって、時に相手の気持ちを支え、時にモチベーションを高める役割の一端を担うことができたと思っています。多くのアスリートからパーソナルトレーナーの依頼をいただけたのは、そうした要素があったからだと思っています。

２０１３年からはプロゴルファーの宮里優作選手のパーソナルトレーナーを務めています。競技に関係することについては現役で活躍中の選手ですので詳しくは書けませんが、それ以外の彼へのコーチングの一端を紹介しましょう。

宮里優作選手とは妹の宮里藍さんの紹介で知り合いました。私の妻が藍さんのトレーナーをしていた関係で会う機会がありましたが、そのときは、トレーニングの話や当時のスポーツ界の話などの雑談をしただけで別れました。その後、優作選手は腰を痛めて試合にも出られない

トレーニング中の宮里優作選手と著者（森本）。

状態になってしまい、プロゴルファーを続けるためには、腰を治すことはもちろん体のケアをしっかりしなければと考えたようで、私に声がかかったのです。

アスリートとトレーナーは信頼関係で結ばれていなければなりません。何より大事な体のことをまかせ、まかされるのですから、トレーナーとしてはその信頼関係をいかに築いていくかが大事です。

私はその第一歩として、担当するアスリートのことを徹底して調べ、あらゆる情報を頭にインプットします。優作選手のときもそうでした。私自身ゴルフが好きなので、優作選手のプレーは以前からテレビなどで見る機会が多く、知ってはいましたが、それ以上のこと、たとえばどんな成長過程を経てプロになったか、プロになって以降、どのような浮き沈みがあったのかなど事細かに調べ、彼と会話するときもすぐに既知のエピソードとして語れるようにしたのです。

トレーナーとして初めて会ったとき、優作選手はオリックスやマリナーズでの仕事の経歴から、私の技量については信頼してくれていました。けれど、当然ながら心を開いて本音を言い合える関係にはなっていません。しかしその壁を、頭に入れてあった情報が少しずつ取り払ってくれたように思います。アスリートは表現者でもありますから、相手が自分のことをちゃんと見てくれているか、よく知っていてくれるかが気になります。そして「この人物は自分のことをちゃんと見ている。知ってくれている」とわかれば、うれしく感じるものです。

私は彼との会話の中で、意識的に、過去のあまり目立たない試合のことを質問したりしました。それが彼との距離を縮めることにつながったようで、じきに心を開いて会話をしてくれるようになりました。あらかじめ彼についての情報を自分の頭に入れておいたことが信頼関係を築く土台となったような気がします。

そしてその年の暮れ、優作選手はゴルフ日本シリーズを制しました。プロ転向11年目、33歳で成し遂げた悲願のツアー初優勝でした。また、２０１７年にはメジャー大会の日本プロゴルフ選手権をはじめ年間４勝をあげ、初の賞金王を獲得します。

翌年世界ランキングでも50位になり、マスターズに出場するなどして日本を代表するプロゴルファーのひとりになりました。

私がトレーナーについた後、優作選手はこのふたつの勲章を手にしました。コーチングの効果も、少しはあったかな、と思っています。

「忘れたふり」をしても過去を乗り越えることはできない

ゴルフファンならご存じの通り、優作選手には3つ上の兄・聖志選手と5つ下の妹・藍さんがいます。コーチを務める父・優さんが幼い頃から指導し、プロゴルファーに育てた宮里3兄妹です。

この3人のうち世間から見た活躍の印象度や知名度が最も高いのは、やはり「アイちゃん」こと宮里藍さんでしょう。しかし、最初に宮里家の名を世に知らしめたのは優作選手でした。ジュニア時代には日本ジュニアゴルフ選手権など数多くのビッグタイトルを獲得し、いずれはタイガー・ウッズやジャスティン・ローズらと世界一を争うようになるとさえいわれたほどです。しかし､プロ転向後は期待された成績を残せなくなりました。一方､妹の藍さんはアマチュア時代もプロ転向後も活躍を続け、女子プロゴルフ界を代表するスター選手に上り詰め、米国LPGAツアーでも好成績を残し、日本人初の世界ランク1位にもなりました。

3人を近くで見ていると本当に仲が良い兄妹です。優作選手の腰の状態を心配し、私がトレーナーにつくきっかけをつくったのは藍さんですし、聖志選手にも優作選手にも、人を思いやる広い心があります。しかし同じプロゴルファー同士です。優作選手は、妹の活躍を喜び、心から祝福しながらも、悔しさも感じていたのではないかと私は思っています。

人は自分の過去を意識下で引きずっているものです。私が察するに、勝ちまくっていたジュニア時代、気持ちはイケイケで伸び伸びとプレーしていたに違いありません。が、プロになって勝てなくなると、それが重荷になったのでしょう。良い頃の自分を取り戻そうと考え込み、いろいろなことを試しては失敗する、ということを繰り返したはずです。過去の栄光が彼を苦しめ、本来の自分を取り戻せなくなる原因になっていたのではないでしょうか。

そういうとき、周囲に現れるのがさまざまな「助言者」です。ある人は心底から心配しているのですが、その助言が正しいとは限りません。もっと悪いのは、親切に助言するふりをしながらネガティブな言葉をかけたり、間違った情報を吹き込もうとする「悪意の助言者」です。悪意の助言者が先輩ゴルファーであることもめずらしいことではありません。

先輩ゴルファーから見れば、将来有望な若手は自分のポジションを脅かすライバルです。結果が出ずに迷い悩んでいる若い選手を「今のうちにつぶしておくか」と思ったとしても不思議ではないのです。

ゴルフは個人競技で、しかもメンタルがパフォーマンスに強く影響を与える競技です。心がピュアな選手ほど、善意でありながら間違った助言や、悪意ある助言の影響を強く受け、それが成長の妨げになることも多いのです。

人づてに聞いた話や本人との会話で知ったのですが、優作選手は不調に陥っていた時期、自分を変える努力をしていたそうです。優作選手は外見でもわかる通り、武骨で実直、生真面目なタイプです。しかし当時の彼は、彼らしくないほど派手なウェアを着て、必要以上に明るく振る舞おうとしたり、ピアスの穴を開けたりして、なんとかして、今あまり輝いていない自分の世界を打ち破ってしまおうとしたようです。

これはコーチングでは「ブレイクスルー」という手法で、気持ちを切り替えるきっかけになることもあるのですが、優作選手の場合はうまくいかなかったように見えます。

周囲には、悪意などなく彼のためを思って助言する人もいたでしょうし、優作選手もそれに従ってさまざまなことを試みたのだと思います。「明るく振る舞う」「派手な服を着る」もそうしたアドバイスのひとつだったかもしれません。

しかし、おそらくこうしたアドバイスというのは「ジュニア時代のことには触れない」「過去の栄光に触れない」ことが前提だったのではないかと思います。つまり「良い時期を思い出させると傷つくから」という配慮からです。

コーチングでは、あえて相手の過去をたどり、気持ちをそこに戻す質問をすることがよくあります。過去に経験したことがトラウマになり、現在の考えや行動に影響を与えていることがあるからです。そのトラウマを乗り越えるには引きずっている過去を消化するしかないのです。もちろん現在の傷口を広げることがないよう、会話をしながら探り探り行うのですが、少しずつ相手の思考を過去に戻してトラウマを消していけるよう、コミュニケーションを続けました。

私は、優作選手に対してごく普通にジュニア時代の話を聞きました。アスリートとトレーナーの間で交わされる日常的な会話の中で「ジュニアの頃ってどんな気持ちでプレーしていましたか?」といった感じで話題にしました。いくら周囲が気を遣って「ジュニア時代の栄光」を避けても、本人の頭から過去は消えていません。ならば当たり前に話して「今さら過去にとらわれていても仕方がない」と思ってもらおうと考えたからです。

そんな会話を続けるうち、やがてトラウマは消化されていき、優作選手は「今の自分」に素直に向き合えるようになっていったように思います。

第3章

子どもを成長させるコーチングの技術

トップアスリートに育つかどうかは親に左右される

優作選手は今も父・優さんの指導を受けています。親が幼年期からトップレベルまで指導を続けるのは非常にまれなケースです。私は優さんにお会いする機会も多いのですが、70歳を過ぎてもなお、わが子を後押ししようとする情熱には敬服し、尊敬しています。

一般的に子どもにスポーツをさせている多くの親ごさんの熱気も、根本的には同じように子どもへの愛情の力が原動力になっています。

ベネッセ教育総合研究所では、子どものスポーツ活動について調査をしていますが、小学生が行っているスポーツのランキングを見ると、1位スイミング（35・5％）、2位サッカー（10・7％）、3位野球（6・6％）、4位空手（6・4％）、5位体操（5・5％）となっています。スイミングが突出して多いのは、まわりの家庭の多くが子どもを水泳教室に通わせているからウチも、ということに加えて、小さいうちに水泳を習わせれば泳げるようになる、体力づくりになる、健康に育つといった親心からでしょう。

しかし、サッカーや野球のような競技性のあるスポーツになると様子が変わってきます。親は何より、試合に出て活躍するわが子の姿を見たいのです。少年チームの試合を見るとそれがよくわかります。とくにお母さんは、わが子のプレーの原動力になるようにと工夫したお弁当を作り、スポーツドリンクや氷、タオルなどを用意し、試合が始まると大声を上げて応援します。お腹を痛めて生んだ子が相手と真剣勝負をして活躍するのを目の当たりにすることは、本能的喜びであり、幸福なのでしょう。時にその熱狂ぶりには驚かされてしまいます。また、お母さん同士の競争という要素もあるようで、試合に出られなかった子の母親が監督に抗議に行くこともあると聞きます。こうなるとクレーマーですが、親としてはそれほど真剣なのです。

しかしどれほど親の情熱があっても、子どもの競技力が上がるとは限りません。

私がトレーナーとして接するアスリートは、ほぼ全員がそうした幼年期を過ごしています。身体能力はもとよりセンスにも恵まれ、小さい頃から試合に出て活躍してきた人ばかりです。当然、親からは期待され、さまざまな支援、応援を受け、やがて強豪校に進学。ライバルとの競争に勝ち抜いて、さらに上を目指してきたのです。それぞれの過程でさまざまなプレッシャーや葛藤を抱えながらも、トップレベルまで上がってきた人たちです。

アスリートたちにそれぞれのプロセスにおける親との関係などを聞くと、非常に興味深いものがあります。トップレベルになるまで競技を続けられたアスリートは、自分の親のサポートを「正しかった」と感じて感謝していると話しますが、途中で挫折した選手の中には「親が熱心すぎて、競技そのものに嫌気がさした」「コーチ以上に親のプレッシャーがすごかった」ともらす人も少なからずいます。

素質があるわが子に対して同じような情熱を注いでサポートし、応援しているのに、トップレベルまで育て上げることができる親と、残念ながら失敗してしまう親がいるのです。

親から承認を得たい一心で子どもは頑張る

幼い頃から親に厳しく鍛えられたことで知られているアスリートの代表格は卓球の福原愛さんです。母親が出したボールを泣きそうになりながら必死で打ち返す幼い姿はよくテレビで紹介されました。福原愛さんが卓球を始めたのは4歳になる少し前。こうした例を見て、わが子をトップ選手にしたい親ごさんは、より早い時期に教えなければならないと思うのでしょう。競技開始年齢はどんどん早まっています。トップアスリートの多くは、遅くても小学生で競技を始めているようです。

小学生くらいまで、子どもは何のために練習をし、試合に出ているのかを理解していません。「親に言われるからやっているだけ」です。もちろん楽しさや悔しさは感じています。日々、練習を重ねているうちに、できなかったことができるようになる、試合に出れば勝って褒められる、ミスをすれば叱られ、その悔しさからできるように頑張る――こんな感じです。

しかし「このまま競技を続けていくとどんな将来があるのか」「何のためにこの練習に取り組んでいるのか」といったことまでは考えが至りません。遠い目標などは見えず、ただやらされている状態であることがほとんどです。

子どもたちのモチベーションは「お母さんに褒められたい」「お父さんにもスゴイと言ってもらいたい」という思いだけです。人には年齢に関係なく、誰にも「認められたい」「褒められたい」「評価されたい」という承認欲求がありますが、子どもはとくにそれが強いものです。しかも、褒めてほしい相手は親です。うまくなって褒められたい、試合に勝って喜ぶ顔が見たいと思って頑張るわけです。兄弟姉妹がいると、その思いはさらに強くなります。そうした家庭では子どもたち全員に同じ競技をやらせていることが多く、「お兄ちゃんよりうまくなって褒められたい」「弟には負けられない」と親の承認の奪い合いをしているということです。

親のほうも意識的にしているかどうかはともかく、その心理をうまく利用しています。最も身近な相手に競争心を持つことが、頑張りの原動力にもなるからです。

ところが中学生くらいになると能力や性格の差がはっきり表れるようになります。中学生はまだ精神的には子どもですが、すでに長年競技をやっていますから、他者の競技力を見極める目も鋭くなっています。「弟の才能はすごい。あいつにはどう頑張ってもかなわない」などと思うようにもなります。あるいは性格的な弱さから「しんどい練習はもう嫌だ。友だちのように自由が欲しい」と承認競争から下り、別の分野、たとえば勉強や音楽などで承認されようと頑張る子もいれば、承認してほしい気持ち自体を押し殺してしまう子もいます。

一方、その競争に勝った子は、さらに承認を求めます。「親の期待を背負っているのは自分だ」「もっと頑張って喜ばせたい」と。

「親離れ」「子離れ」の時期を乗り越えるポイント

しかし、この承認欲求はいつまでも続くわけではありません。個人差はありますが、高校生になったあたりから、子どもは親の支配から離れ、競技者として自立しようとします。

自分の将来を考える時期でもあり、今後自分が競技力を武器に人生を切り開いていくべきかどうか、そうすることが自分にとって幸せなのかどうか、といったことに悩むようにもなるでしょう。親が敷いたレールの上をこのまま歩んでいっていいものか疑問を持つのです。

また、指導レベルの問題もあります。子どもの競技レベルが上がっていけば、たとえ親が元競技者であっても指導しきれない部分が出てきます。どんな競技であれトップレベルの技術や戦術、トレーニング理論などは日々進化、更新され、親の競技者時代の知見をはるかに超えています。子どもの頃に競技者としてのベースをつくることはできても、高いレベルの指導は手にあまることになります。

多くの競技では、中学、高校時代は学校の運動部で活動する時期です。親の手を離れ、学校の指導者に育成を委ねるタイミングでもあります。このとき親は「自分の指導はここまで」と気持ちに区切りをつけ、部活の指導者を信頼して指導を託すことになるケースが多いでしょう。親も子離れしなければならないのです。

アスリートにとってこの年代は、親への承認から脱し、自ら目標を定めて向上しようとするターニングポイントになります。承認欲求だけの時代から自立への移行がしっかりできるかどうかが、トップを目指して競技を続けるうえで重要なのです。

しかし、この移行がうまくできないケースが少なくありません。承認欲求と、それを満たすことで結ばれていた親と子の関係をすっぱり断ち切れないのです。これはどちらかというと親の側に問題があることが多く、本来は部活の指導者にバトンを渡してまかせるべきなのですが、それができず指導方法などに疑問を持つ親は少なくありません。子どもは指導者についていこうと思っているのに、その気持ちに水を差してしまうのです。「その練習はおかしい」「それじゃあなたは伸びない」「この練習を自主的にやりなさい」といったことを続けていくと、親離れできていない子どもは指導者を信頼できなくなり、親離れしている子どもはいちいちしゃしゃり出てくる親を疎ましく思うようになってしまうことがあります。

どちらの場合も、厳しい練習に耐えて向上しようとする子ども自身の意欲を阻害するマイナス要因にしかなりません。

こうしたことがきっかけで、十分な能力を持ちながらも、トップレベルへ続くルートから外れていってしまう選手もいるのです。

また、親が子離れしたとしても、バトンタッチする相手、つまり指導者の選択を間違えて失敗することもあります。実績を残している指導者には個性的な人が多いものです。強豪校は例外なく部員に厳しい練習を課します。ただ、指導者にもいろいろな人がいて、有無を言わせずやらせる昔ながらの強権タイプ、言葉によって納得させたうえでさせるタイプ、おだててやる気にさせるタイプなどいろいろなスタイルがあります。一方、子どもにも性格的に、かなり強引に引っ張ってもらわないとやる気を出さないタイプ、納得しなければ動かないタイプ、褒められるとやる気を出すタイプなどがいます。子どもの性格に合った指導スタイルを持つ人を見極めて託す必要があるのです。

しかし入学してから部活の監督やコーチを生徒や親が自分で選ぶことはできません。入ってしまってから「しまった」と思っても手遅れということもあります。

私立学校にはスポーツに力を入れているところが多く、小中学時代であっても高い競技力を示した子には好条件で入学の誘いがくるものです。親としては子どもがスカウトの対象になっただけでうれしいわけですが、そのルートにすぐさま乗せることが正解とは限らないのです。

また、全国大会で好成績を収めていない学校でも素晴らしい指導者はたくさんいます。育成年代は結果を求めるのではなく、先を見すえて基礎を身につけることが大事だと考え、競技の楽しさや奥深さを知り、選手自らが向上するように仕向けるといった考えを持つタイプです。そういう指導者に預けたほうが伸びる子も少なくありません。

指導者の情報はネットで収集できる時代ですし、評判を知ることもできます。親の努力次第でわが子を伸ばしてくれる可能性の高い指導者を見つけられるのですから、ここはおろそかにしてほしくないと思います。

小学校までやってきたスポーツを続けたい、しかし入学した公立中学の部活の指導者がまったく子どもに合わない、といった場合は、よく子どもとも話し合ったうえで、そのスポーツを続けたいのなら学校外のクラブチームを検討するとか、学校の部活では他のスポーツを選ぶ、といった選択肢も含めて考えたほうがいいのではないかと思います。

自立への移行がうまくいった親子

トップアスリートは総じて、親に対する承認欲求から自立への移行がうまくいっていると言えるでしょう。

宮里3兄妹がそうです。現在も優作選手のコーチを務める父・優さんは3人を幼い頃からきっきりで指導しましたが、聖志選手、優作選手は出身地の沖縄を離れ、大阪桐蔭高に進学、藍さんは宮城の東北高校に進みました。高校に入る時点で親離れ、子離れをし、部活の指導者に育成をまかせたのです。

卓球の福原愛さんのお母さんも、幼い頃はつきっきりで指導していましたが、中学からは青森山田中・高校に指導をまかせました。きっちりと区切りをつけ、承認から自立へ移行させているのです。

卓球、バドミントン、柔道、レスリング、体操、競泳……、オリンピックで世界と対等以上に戦う競技の選手たちはほとんどが、この移行に成功していると言えます。

しかし、子どもが親への承認欲求から卒業し自立へ移行しようとしているのに、親が子離れできないケースもあります。伸び悩んでいるときなどに「監督の教え方がいけないんじゃないの?」とか「競技への情熱を失っているんじゃない? しっかりしなさいよ」といったことを言ってしまうのは、親が子離れできていないことの表れです。もちろん子どもを心配しているからこその発言でしょうが、そんなことを言っても何の解決にもなりません。子ども自身も期待に応えられない自分を不甲斐ないと思っていますから、ますます精神的に追い詰められ競技への情熱を失っていくでしょう。親の発言が事態の悪化を誘発しているようなもので、いつまでも干渉していると、子どもの足を引っ張ることになってしまうのです。

精神的自立への移行期、つまり子どもに親離れしようとしている気配が見えたら、親はよけいな口出しはせず、距離を置いて見守る姿勢でいたほうがいいのです。

もっともスポーツ界にはこの方法論とは異なる親子関係もあります。たとえばアニマル浜口さんと、その長女で女子レスリングで活躍した浜口京子さんの関係性です。京子さんは父に憧れて女子プロレスラーを志し、14歳から父親が運営する道場でレスリングを始めました。アニマルさんは厳しく指導するだけでなく、京子さんに常に寄り添い熱烈応援を続けました。京子さんは世界選手権で金メダル5個、オリンピックでも2004年アテネ大会、2008年北京大会で銅メダルを獲得する名選手に成長しましたが、そのときもアニマルさんは常に傍らで檄を飛ばし、京子さんよりも目立つパフォーマンスを見せていました。

京子さんも若い頃は、そんな父親を照れ臭そうに(少し迷惑そうに)見ていましたが、どこかで吹っ切れたようで、すべてを受け入れたように思えます。

それはアニマルさんの人間性あってのことでしょう。レスリングという競技を愛し、その道を進む京子さんにもまっすぐな愛情を注ぎ、そのうえ表裏のない好人物で、とことん前向き。京子さんにとって父・アニマルさんは最高の応援者でありモチベーターだったのです。京子さんは「うるさいなあ」と時には思いながらも、心から父親を愛し、尊敬していたからこそ、おそらく今もその応援を受け入れて続けているのです。「あなた！　うるさすぎるわよ！」とアニマルさんに突っ込むお母さんの存在も大きかったでしょう。

しかし、この関係性で成功したのはアニマルさんならではのキャラクターと、それを受け入れることができた京子さんの性格があったからで、誰もが真似できるものではありません。

やはり、子どもの才能をバックアップし、アスリートとして育てるには、応援の技術を心得ておくことが不可欠なのです。

子どもを伸ばす応援スキル

相手とコミュニケーションをとることがコーチングのベースですが、これは親子の間でも同様です。

「家でいつも接しているのだから、しょっちゅう話はしているし、もちろんコミュニケーションはとれている」と思われる方も多いでしょう。しかし、その意識が食い違いを生みます。コーチングにおけるコミュニケーションは、できるだけフラットな関係性で、しかも双方向で行われることが必要ですが、親子の場合、親からの一方的なコミュニケーションになりがちなのです。

親が上から目線でものを言うのは仕方がありません。生まれたばかりの赤ちゃんをゼロの状態から育てていくのですから、最初はとにかく教えることばかりですし、いけないこと、危険なことをすれば叱らなければなりません。当然、その視線は「上から」になります。

また、幼年期の子どもにスポーツを教えようとすると、競技者だった親の多くが行っているように、かなり厳しく指導しないとなかなか上達はしません。子どもは集中力が続きませんから、優しく接していたら練習などすぐに飽きて遊び始めてしまいます。たとえば「平日は夜1時間、土日は2時間必ずお父さんと練習する」といった決まりをつくって守らせようとしても、幼い子どもにとって1～2時間の練習は過酷です。泣き出すこともあるでしょう。どうしても続けさせようとするなら、きつい口調でやらせるしかありません。上手にできたときはもちろん、練習を最後までやり通せただけでも、「よく頑張った」と褒めることが必要になります。

前述したように、子どもには親に対する承認欲求がありますから、そうして褒められることで、子どもなりに一生懸命頑張るようになるのです。

そうした日々を続けていくと、練習することは日常的なルーティンになり、子どもにとって苦ではなくなっていきます。「毎日練習するのが当たり前」で、「こういう生活はおかしいのではないか?」などとは考えなくなります。

もちろん技術的にも上達します。スポーツは技術が上がっていけばいくほど面白くなっていくものです。これは幼い子どもも同様で、できなかったことができるようになるのは大きな喜びですし、「できるようになるなんてすごいじゃないか」と褒められれば、練習もどんどん進んでやるようになるのです。

技術的に一定のレベルに達すると、同年代の子どもを対象にした大会に出場する機会も増えてくるでしょう。試合に勝てば、さらに大きな喜びを感じ、練習へのモチベーションは高まります。負けてしまった場合の対応は、子どもの性格次第になります。負けて悔しがっているなら「次は勝とうね」と言って練習を継続すればいいし、悔しがるよりも心が折れてしまって、練習方法や次の試合のことを考える気持ちになれないようなら、しばらく休ませて様子を見ることも大切です。休んでいる間に自分の中で負けたことを消化することができ、もう一度競技に気持ちが向くようであれば、また練習を再開すればいいわけです。

だいたい、多くの親子がこうしたプロセスをたどります。

このあたりまでは、親が「上から目線」の指導、支援をするしかありませんが、大会への出場を重ねて競技力も上がり、なおかつ年齢的に自我に目覚める時期になったら、一方通行のコミュニケーションは減らしていくべきです。

つまり先ほど述べた「親離れ」「子離れ」の時期が近づいているからです。

この時期の子どもは他者と自分を比較するようになり、チームに入っている場合はライバルとのレギュラー争いをし、それに勝って傲慢になったり、負けて落ち込んだり、競技を続けること自体を不安に思ったりと、それまでとはまったく違う複雑な状態になります。そんな子どもとコミュニケーションをとるには親が一方的に話すのではなく、子どもの話を「聴く」(耳を傾ける)ことが何よりも必要になるからです。つまりコーチングの手法の出番なのです。

たとえば、子どもがクラブの練習から帰ってきたら、お母さんは「今日は何かあった?」と聞くようにしてみてください。普段と変わった様子が見えたときだけ「うれしそうだけど何かあったの?」「落ち込んでいるようだけどどうしたの」と聞くのではなく、いつでも「何かあった?」と、必ず声をかけることを「習慣」にします。やがて、子どもは練習や試合でうまくいったこと、楽しかったことはもちろん、ミスをして監督に叱られた、自分だけ練習がうまくいかなかった、といったマイナスの出来事も話してくれるようになります。

こうしたコミュニケーションがない親子は、意外なほどに多いものです。

日常的にこうした会話をすることなしに、ある日暗い顔で落ち込んでいる子どもに「どうしたの? 何かあったの?」と急に聞いても、なかなか本音は話してくれないでしょう。

子どもが落ち込んだときに支えることこそ、親の役目です。子どもが楽しかったことも、いやだったことも、何でも話せる関係を築くには、親が「聞く」ことを、常に意識して声をかけ続けてあげることが大切なのです。

どんなときも「どう思う?」と聞き続けよう

また、親が何らかの提案、アドバイスをしようとするとき、最後に必ず「あなたはどう思う?」と聞くことも大切です。一方的に語って終わらせないことです。一方的な話は、それがたとえどんなに「良い話」でも、講演会や独演会や「訓示」にすぎず、時には単なる説教です。

子ども自身に考えさせ、自分の言葉で答えてもらうことが非常に大切です。ひょっとしたら、子どもはそのアドバイスの内容、練習方法について疑問を感じているかもしれません。できる限り、子ども自身の考えを話させ、双方向の会話の中で内容について話し合って、初めて子どもは「納得」するのです。

これが、メジャーリーグのコーチが選手たちに口癖のように言っていた「What do you think?」です。相手に意見を求めることは、相手を認めているからこそできることです。承認し合う関係とは、つまり信頼感で結ばれる関係なのです。

これはスポーツ選手とその親に限らず、すべての親子関係に通じることだと思います。学校でいじめを受け、限界まで追い詰められても親に話すことができず、すべてを自分で抱えてしまう子どもはたくさんいます。親は「なぜ相談してくれないの」「助けてあげるのに」と思うでしょうが、子どもは深刻なことがあったときにだけ、親に相談することはできないのです。

何も変わりがなさそうなときも、楽しげにしているときも、いつも「何かあったの?」と声をかけ、答えられるコミュニケーションができていれば、異変がごくごく小さなうちに適切な対策を立てることもできるでしょう。そして、子どもの気持ちも救われるはずです。

親子の目標を一致させることの重要性

親子関係でもうひとつ重要なのは、設定する目標を一致させることです。

子どもが天才的な才能の持ち主だった場合、最初から「オリンピックで金メダルを獲る」「プロになる」といった目標を掲げ、親子ともども突き進むことはあり得ますが、そんなケースは滅多にありません。また、才能が開花する時期は人によってさまざまです。ジュニアの頃はパッとした成績は残せなかったのに、大きな伸びしろがあって20歳を過ぎて大成するタイプもいます。そうしたアスリートはあきらめず、地道に競技を続けることが大事になるわけです。

この場合、子どもとサポートする親とが目標を一致させておく必要があります。

親の期待を重荷に感じるアスリートは少なくありません。逆に子どもの夢を信じてやれない親もたくさんいます。その食い違いによって、大成する可能性のあるアスリートを途中リタイヤに追い込んでいるケースがあるのです。

遠い先に大きな目標を設定するのは悪いことではありません。その目標が競技をあきらめずに続けるモチベーションになるからです。しかし、それはいったんわきに置いておいて、当面の現実的な目標を親子で話し合い、お互いに一致させておくほうがいいと思います。個人競技だったら、当面の目標は「市の大会で1勝する」で十分です。それをクリアしたら次は市の大会でベスト4、優勝、県大会で優勝というように、目標を上げていけばいいのです。親子間で同じ目標を共有しておけば、課題は何か、どんなサポートをすればいいかを語り合うことになり、目標に向かってともに歩んでいけるわけです。どんな小さな目標でも、それをひとつずつ達成していく成功体験を、できるだけたくさん味わわせてあげてください。

こうした関係性が続いていけば、子が親の過度な期待に押しつぶされることはありません。最終的な目標に到達できなかったとしても、練習を続け、挑み続けた日々はけっして嫌な思い出にはならないし、競技を楽しんで続けることができます。それが一番重要なのです。

子どもの性格や生育環境によっても接し方は変わる

ここまでは主にトップアスリートを目指す子を持つ親のコーチングについて述べてきましたが、もちろんこれがすべての親子関係に当てはまるわけではありません。

子どもの性格や育った家庭環境、そこで得た価値観などによっても、子への接し方は変わってきます。

たとえば内村航平選手に、幼少期、体操をはじめるきっかけをつくり手ほどきをしたのは元競技者だった母の周子さんですが、特別な才能の持ち主だった内村選手は、すぐに母親の指導領域を超えてしまいました。中学時代には技術的にもトップレベルに達し、精神的にも自立し、故郷の長崎を離れ東京で実力を上げる道を自ら選びました。おそらく内村選手は親がどんな接し方をしようがトップになったはずです。もちろん両親から学費など物心両面のサポートは必要だったでしょうし、周子さんはあいかわらず熱烈応援を続けていますが、ある時期から親の精神的な支えは、さほど必要としなくなったのです。

陸上競技400メートルハードルの選手で、2001年と2005年の世界陸上で銅メダルを獲得する快挙を成し遂げた為末大さんもまた、自立が早かったタイプのようです。

為末さんの両親はともに元陸上競技選手ですが、競技を勧められたことが一度もなかったそうです。とはいえ、速く走る能力は受け継いでおり、小学3年の頃、自然に陸上競技をするようになったといいます。為末家は子どもを「自分のことは自分で決めさせる」という方針で育てたそうで、これは子どもに自立心を植えつけるためでしょう。そんな家庭で育った為末さんは、部活で陸上競技をすることも、進学先(県立広島皆実高校から法政大学)についても親に相談することなく自分で決め、事後に進学するうえでの経済的な問題や手続きについて話しただけだそうです。為末さんがトップレベルで活躍するようになっても、ご両親は競技について口出しすることはなかったし、応援に来ることもほとんどなかったということです。為末さんのご両親は、同じ競技の経験者でありながら、あえて遠くから見守る姿勢をとり続けたわけです。

為末さんは、それについて自著などで、「才能のある選手は、サポートが足りなくてつぶれるというより、介入され過ぎ、わけが分からなくなってつぶれるほうが圧倒的に多い。私はそれがなかったので運がよかった」と語っています。

親が自分と距離をとり、好きにやらせてもらったから、つぶれることもなく、トップアスリートになれたというのです。自立心を備え、競技への情熱や向上意欲が自身から湧いてくるような強い気持ちを持った選手に対しては、親も必要以上に介入せず、むしろ放っておいたほうがいいというわけです。

ただ、私の経験では、内村選手や為末さんのような人はあまり見たことがありません。彼らには持って生まれた強さがあったのだと思います。

一般的な多くのアスリートにとっては、コーチングによるコミュニケーションで気持ちを支えることが必要です。そして、コーチングの手法に基づいたコミュニケーションを行うことによって自立心や自主性を育むことができます。つまりセルフコーチングがある程度できるようになった段階で、親は遠くから見守る姿勢に変える、というのが正しい親のあり方のような気がします。

子どもを伸ばしてくれる指導者を選ぶ

子どもをトップアスリートに育てたいと思っても、親がつきっきりで指導できるのは、小学校まででしょう。中学生になれば学校で過ごす時間は長くなりますし、スポーツも部活やクラブで行うようになる。子どもは親の手を離れ、第三者である指導者に育成が委ねられることになります。

そこで重要になるのが前述した指導者の選択です。

トップアスリートを目指す子どもにとって大きなターニングポイントになる高校の指導者に的を絞って説明しましょう。

中学時代に子どもが才能の片鱗を見せ、その期待感からスポーツエリートの道を歩ませたいと思う親ごさんは、強豪として名高い高校に入学させようと思うはずです。硬式野球なら甲子園、他の競技ならインターハイに出場し、好成績を収めるような部がある高校です。そういう高校なら練習環境も整っているし、何より名監督と呼ばれるような人がいて、その指導が受けられるのが魅力。そんな監督に子どもを鍛えてもらえば、競技者として大きく成長すると思うわけです。

しかし、名監督と呼ばれる人が預かったすべての選手を成長させるとは限りません。その指導スタイルに合わない選手は伸びずに終わってしまうこともあります。

また、指導者の中には選手に対する好き嫌いを表に出す人もいます。好みの選手には特別に目をかけて指導するけれど、そうではない選手は「その他大勢扱い」で、個別の指導は受けられなかったりすることもあります。そんな「差別」に嫌気がさして、競技へのモチベーションを失う選手も出てきます。

それでもチームが好成績を残せるのはなぜでしょう。監督が好む選手、重用する選手とは、ほとんどの場合、実戦ですぐに活躍できるタイプです。そんな選手が一定数揃えば試合には勝てます。強豪校は部員も多く、全員を平等に指導することはほとんど不可能で、すぐに戦力にならないタイプは放っておかれることになります。潜在能力を時間をかけて引き出すことはしないのです。

高校の名監督の多くは、そういう割り切りができる人です。ある名監督と呼ばれる人から、雑談でこんな話を聞きました。

「今の3年と2年は、どうもたよりない。でも、今年入ってきた1年生は好素材が揃っている。1年生が試合に出場し始める来年、そして主力になる再来年は希望が持てます。1年生中心にしっかり鍛えますよ」

毎年選手が入れ替わりチームも変わる高校では、こんな考え方で指導するのも仕方がないことかもしれません。しかし、これでは、3年と2年はどうでもいいと思われているようなものです。そんな監督への反発心から、期待されていなかった学年が奮起して予想外の好成績を収めた、という話も聞いたことがあります。結果的に好成績につながったとはいえ、こうしたタイプの指導者は選手全員を伸ばしているとは言えません。

個人競技ならなおさらです。強豪校には毎年好素材が入ってきますが、その中からレベルをはるかに超えた逸材が現れることがあります。指導者の資質にもよりますが、多くはその逸材につきっきりで指導するでしょう。自らの指導力を世に知らしめる絶好のチャンスだからです。その結果、「その他の大勢」の選手は十分な指導を受けられないことになります。強豪校には、こうしたことが往々にして起こるのです。

もちろん強豪校、名門校といわれる高校には選手全員を公平に見、個々を伸ばす努力をし、潜在能力を引き出してチームを強くする素晴らしい指導者はたくさんいます。しかし、過去に収めてきた成績だけを見るだけでは、それは判断できないのです。

第4章

トップチーム、名コーチに学ぶ
人を支え、人を伸ばす技術

強豪校に温存されがちな体育会的体質

大会で好成績を残す高校は例外なく、厳しい練習を選手に課します。しかし、その手法は指導者によって大きく分かれます。選手に有無を言わせずやらせるタイプと、選手にその練習の必要性を理解させ自ら行うよう促すタイプです。選手サイドから見れば、「やらされる練習」と「やる練習」の違いです。

厳しい練習は苦しくつらいものです。「やらされている選手」は、とにかく「終わるまで我慢しよう」という意識になります。一方、自ら「やる選手」は「苦しいけれども乗り越えよう」という意識を持ちます。当然後者のほうが選手にとって望ましいものですが、現状では前者の方が多いと言わざるを得ません。

選手が「やらされている」と感じる練習が多い部は、本質的に体育会的体質を内包している傾向があります。指導者を頂点にし、部員も最上級生が下級生を管理するタテ型組織の場合が多いということです。上の命令は絶対で下は従うしかないのですから、練習も「最後まで耐える」という意識だけが強くなります。

ただ、そうした環境から多くのトップアスリートが出ているのも事実です。そのため進学先を考えている親子も、体育会気質の厳しい環境で鍛えられなければ実力はつかないと思い込んでいます。そして、つらい思いをするとしてもせいぜい2年生まで。3年生になれば立場は上になるのだから、それまでは耐えようと覚悟を決めて入学、入部をするわけです。「3年になって楽できるまで頑張る」などということが「目標」になってしまったりするのです。

結局、性格的に辛抱強く、理不尽なことを言われたり、されたりしても我慢できる子だけが部活を続けていくことになります。とにかく、厳しい練習をひたすら続けることはできるわけですから、技術的にはかなり成長できます。しかし、その一方で性格的にそのタテ構造を受け入れることができず、脱落していく子も少なくありません。

強豪校なら成長できるとは思い込まず、子どもの性格がその部の体質や、監督の指導スタイルに合うかを考えて進学先を一緒に考えることが、親の大きな役割のひとつだと思います。

体育会的部活の弊害

今も体育会的部活のあり方を肯定する人は少なくありません。それが当たり前だった世代、40~50代以上の人にその傾向があります。「体育会的指導には子どもを人間的に成長させてくれる良い点がたくさんある」という気持ちです。

「体育会的指導を経験すると上に好かれる人間になる」と言う人もいます。確かにそれはそうです。「言うことを聞く部員」「なんでも言われた通りにする後輩」は、監督にも先輩にも好かれるでしょう。そうしなければ、部の中で生き残れないのですから当然です。

しかし、体育会的な環境で過ごすことは、弊害のほうが多いと思います。

第一に競技を楽しむ気持ちが失われることです。厳しい練習を命じられるままに延々と「やらされる」のです。時にはしごきに近いものもある。その競技が心底好きな人は別として、多くの部員は、とても楽しむことなどできなくなります。しかし、「楽しむこと」は競技者として成長するうえで絶対に欠かせない要素です。楽しいからこそ競技への探究心が生まれ、レベルアップしたいと願い、そのための方法を自分で考え、練習でもさまざまな工夫をして取り組む。それによってレベルアップが実感できれば、さらに楽しさは増し、試合での好結果につながる——こうした好循環が競技者を成長させるのです。

楽しめなくなれば、成長が止まるだけでなく競技への情熱は失われ、もうやめたい、という気持ちにもなります。こうした環境下で残れるのは、生まれつき飛び抜けた素質に恵まれた選手だけです。たとえ競技を楽しんでいなくても試合に起用され、記録を伸ばせれば、その位置にいること自体がモチベーションとなって活躍することが「楽しみ」になるからです。体育会的部活の中で成長できるのは、本当にわずかな選手だけで、けっしてすべての選手を成長させることはできません。これが、もっとも大きな弊害だと思います。

第二の弊害は、選手に自主性が生まれないということです。これは楽しむことにも通じることですが、競技者としてレベルアップするには、自分で考え自主的に競技に取り組む姿勢が不可欠です。しかし、体育会的部活では監督の指導に従っていればいいのですから、自ら考えるという習慣がまったく身につきません。いわゆる「指示待ち組」になってしまうのです。自ら考えて動こうとしない、動けない。企業でも指示待ちの社員は使えないとよく言われますが、アスリートも自主性を持っていなければ大きく成長することは難しいのです。

さらに、裏表のある人格をつくってしまう可能性もあります。厳しいタテ構造の環境では緊張を強いられますが、それがつらくなり、指導者や上級生の目があるときだけ頑張り、目の届かないところでは手を抜く選手も出てきます。「要領がいいやつだなあ」と言われる程度なら微笑ましいものですが、こうしたタイプは3年生になったとき、それまで自分がされた仕打ちと同じこと、時にはそれ以上のことを下級生にすることがあります。もちろん一部に過ぎないと思いますが、相手を見て態度を変えるような人格を生んでしまうのです。体育会的部活自体、パワハラに近いものですが、それを「当然」と思い、社会に出てからも同じことをするような人物を生みがちな環境といえます。もちろん「下級生、後輩には自分と同じような目にあってほしくない」「自分が先輩になったらあんなことは絶対にしない」と考える生徒もいるでしょうが、そうではない場合も少なくないということです。

強権的に上から抑えつけることなく、それでいながら非常にハードな練習に取り組ませる指導者もいます。こうした指導者は知恵をしぼり、さまざまな工夫をして、選手たちに自主性を植えつけています。我慢するより楽しむ、叱られるより褒められるほうが伸びるタイプの子どもなら、そういうスタイルを志向する指導者のいる高校を選ぶべきです。

選手を伸ばす指導者に共通すること

部活動の中で、天賦の才能を持った子ども、そうではない子どもを問わず、ほとんどの部員を成長させる指導者には共通する要素があります。

まず、「選手ファースト」という考えが指導のベースにあることです。指導者になると、自分が偉くなったと思い込んで強権を振るう人は少なくありません。これは、中高生や大学の部活だけではなく、地域の少年野球やサッカーの指導者にも言えます。チームの強化をまかされるのですから、ある意味で「偉い」とは言えますし、成績が伴わなければ責任が問われる責任ある立場です。しかし、その「偉い」意識が強すぎると、指導の方針が「自分ファースト」の考え方になってしまいます。「チームを強くしたのは自分だ」「この選手が優勝したのはオレが育てたから」というように、指導者である自分の功績をアピールしようとするタイプで、自らが主役の座につこうとし、しかもこのタイプは「負けたとき」「選手が上達しなかったとき」は、「自分の責任」と思わず、「選手の責任」にしようとします。

どんなスポーツであれ、自分を高めるために必死に練習するのは選手たち自身です。試合で相手と対峙し、プレッシャーを背負いながら全力を尽くして戦うのも選手。主役は選手であり、指導者とは、あくまでそれをサポートする役割にすぎません。「監督だから偉い」のではなく、選手のパフォーマンスを最大限発揮させる役割を引き受ける人が指導者で、それを行うことこそが「責任」です。

スポーツ界の指導者の中には個性的なキャラクターや、厳しすぎる練習で存在感を示す人はたくさんいますが、実績を残した人をよく観察してみると、一見、どんなに個性的なキャラクターであっても、指導の現場では主役は選手であることを心得ていて、選手をサポートする役割に徹していることがわかります。

その代表格が陸上競技女子長距離の指導者、故・小出義雄さんです。小出さんはオリンピックの女子マラソンでメダルを獲得した有森裕子さん（1992年バルセロナ五輪銀メダル、1996年アトランタ五輪銅メダル）と、高橋尚子さん（2000年シドニー五輪金メダル）を育てたことで知られていますが、他にも数多くの女子ランナーの力を引き出しました。そんな輝かしい実績に加え、豪放磊落な性格で弁も立つことからメディアが飛びつき、選手以上に有名になりました。

しかし、有名になったのは小出さんがたまたまメディアが取り上げたくなるキャラクターだったことと、実に人が良く、来るものは拒まず取材を受けたからで、自分が世間の称賛を浴びるためにランナーたちを指導していたわけではありません。選手が好成績を残したときも「オレが育てた」などと言ったことは一度もありませんでした。いつも「頑張ったのは選手なんだから選手を褒めてくれよ」と語っていました。また、有森さんと高橋さんの師匠というイメージが強いため、常にマンツーマンで指導していたと思われがちですが、無名の選手にも一人ひとりに言葉をかけ、寄り添うように指導していたそうです。高橋さんも有森さんも、もともとはそうした無名の選手のひとりだったのです。

小出さんは「選手を褒めて育てる指導者」として知られていましたが、選手に課す練習は非常にハードだったことでも知られます。あまりのつらさに心が折れそうになる選手も出てきますが、小出さんはそれを支える「言葉」を持っていました。「この練習を乗り越えれば、お前は絶対強くなる」といった言葉がけです。そして練習メニューをクリアした選手は、「よく頑張った。偉い！」と笑顔で迎え、指導する選手一人ひとりに、しっかりと向き合い、常に「選手ファースト」でした。だからこそ選手は小出さんを慕い、信じてついていったのでしょう。

小出さんとは対照的に、きつい言葉で選手を叱咤しながら厳しい練習を消化させる指導者もいます。それでも選手が必死についていき、トップアスリートに育てた実績を持つ指導者は、厳しい言葉や姿勢の中に、確固たる「選手のため」という思いがあり、選手もそれを感じ取っていたからです。

大声で怒鳴る指導者にも、2種類のタイプがあるということです。選手を上から見て、まるで自分のストレス発散のように怒鳴る「自分ファースト」の指導者と、選手のためを思って怒鳴る「選手ファースト」の指導者です。同じように怒鳴っていても選手はその違いを感じ取るもので、「選手ファースト」なら選手はついていくことができます。

褒めて伸ばすタイプ、叱ってやる気を引き出すタイプなど、指導スタイルは人それぞれですが、指導者の考え方の中に常にぶれない「選手ファースト」がある指導者は選手を成長させることができるといえます。

一方的なアドバイスはコーチングではない

一方的に語りかける、しかも、それがコミュニケーションだと思っている指導者はたくさんいます。しかし大事なのは双方向であることです。指導者だけでなく部員も思うことを自由に話し、「会話」になっていなければならないということです。

それがコーチングの基本中の基本である「傾聴、質問、承認」のコミュニケーションです。指導者が選手ひとりひとりから話を聴くことができれば、競技に関することはもちろん、各々の目標や抱えている悩みなどを知り得ます。それに対するアドバイスをするとともに、質問をすることで相互の理解は深まり、選手は指導者が自分のことを知ろうとし、共感してくれれば承認された喜びを感じます。それが結果として競技へのモチベーションを高めることにつながるのです。指導者が選手の悩みなどを把握していれば、部内で起こるかもしれない問題を防ぐこともできますから、チーム組織全体の管理にも役立つのです。

しかし、双方向のコミュニケーションは、タテ構造組織の頂点にいる指導者には実行不可能でしょう。選手が指導者に話をする、意見を言うなんて、怖くてとてもできないからです。選手のほうから話ができるようになるには指導者が心を開いた状態にならなければなりません。上から下りてきて選手と同じ目線になることが必要です。

もちろん指導者としてリスペクトされる立場にいる必要はあります。しかし「リスペクト」は上とか下といった立ち位置とは関係ないものです。「上下関係」を気にせず同じ目線になって語り合える指導者が、真の意味で慕われるのです。これはけっして「選手に媚びる」とか「良いことだけを言う」という意味ではなく、「人格的に完璧な人であれ」という意味でもありません。

この点でも小出義雄さんが当てはまります。数多くのトップランナーを育てた手腕は選手からも他の指導者からもリスペクトされていましたが、リスペクトされる一方で、普段は大酒飲みで、二日酔いのまま指導することもよくあったといいます。が、そんな突っ込みどころ満載の人だったからこそ、誰もが気軽に話しかけられたということもあったのでしょう。実際、選手たちとは男性指導者と女性競技者という関係にもかかわらず、下ネタまで含めてどんなことでも話していたそうです。

選手たちとここまでの関係が築けるのは小出さんならではでしょうが、双方向のコミュニケーションがとれる指導者はほとんどの選手のやる気を引き出し、レベルアップさせる可能性が高いのです。これは練習を見学すれば、すぐにわかると思います。

青山学院大学陸上部を見事に育て上げた原晋監督もまた、非常に双方向コミュニケーションの上手な人です。

選手が自ら「気づく」ことを促すための言葉

選手の「気づき」を引き出すことができるかも重要です。

故・野村克也さんは、ヤクルトの監督時代、自らのことを「気づかせ屋」と称したと言います。「考えろ」「自分の頭を使え」「なぜあそこで変化球を投げたのか考えろ」と、常に考えることを求め、「情報」は与えるものの、そう簡単に具体的なアドバイスはしなかったそうです。

日本の多くの指導者が行っているのは、コーチングではなくティーチングであると述べましたが、これは自分が選手時代にやってきたトレーニングや身につけた技術や戦術などを正しいと信じ、それを部員に「教える」ことをメインにしているという意味です。もちろん勉強熱心な指導者は新たな理論などを取り入れ、その内容も更新されていますが、いずれにしても自分の経験をもとに部員をひとつの型にはめようとする傾向が強いことは確かです。

競技力がアップする、試合で勝てるようになる、というのは選手自らの中でどれだけ良い「気づき」ができるかにかかっています。試合でプレーをするのは自分です。そこでより良いパフォーマンスをして勝つことが求めるものならば、そのための「解」は自分の中にしかありません。与えられるものではないのです。自分の中にある能力やセンス、パワー、体を動かす感覚、勝つための戦術を含めたインテリジェンス、性格などなどすべてを含め、それらの中の良い部分をより多く引き出せるようになることが「レベルアップ」であり、引き出すための「気づき」を与えるのが良い指導者なのです。

伸び悩んでいるのはなぜか、試合で実力が発揮できないのは何が原因か、問題は技術にあるのか、パワーなのか、動きに調和がないからか、それとも性格の弱さか——選手のそうした課題を見つける目を持ち、言葉をかけて話し合い、さまざまな試みの中で、正解に近づく手助けをするのがコーチの役割です。それによって選手は、自分自身に何が足りていなかったのかに気づき、改善の努力をすることで、その時点の「最高の自分」を見出すのです。これを繰り返すことで選手は伸びていきます。単に「素振り２０００回！」「毎日50キロ走り込め」「腕立て伏せは必ず１００回！」などといった一方的な指示だけが続く指導は、コーチングではありません。

だからこそ、スポーツの指導者は「コーチング」という技術を、あらためて身につけてほしいと思うのです。コーチングは「技術」で、情熱と経験だけで身につくものではないからです。選手自らが「自分で考える」ためにどう支援し、どう指導するか、というスキルを身につけてください。コーチングにはいろいろな資格もありますが、必ずしも資格を取れという意味ではなく、どういうものなのかを理解して、それを意識するだけでも大きな変化が生まれます。

競技に対する深い理解をベースに、コーチングの意識とスキルがあれば、選手自らの「気づき」を促すことができ、最大限のパフォーマンスを引き出し、人間としての成長をも促すことができます。それは、結果として、指導者自身の成長にも必ずつながります。

指導者が常に心にとどめるべき「フェアネス」の意味

もうひとつ、育成上手な指導者に共通する要素としてあげたいのは「フェアネス」。つまり、公正で公平ということです。

競技力に秀でている部員を特別扱いし、あるいは好素材が揃った学年を中心に指導すれば、大会では好成績を残せるかもしれません。指導者も注目されるでしょう。

しかし、強化対象から外され、格差のある指導しか受けられない部員たちは不満を持つでしょう。「不満がある」と口に出しては言わなくても、投げやりな気持ち、あきらめの気持ち、時には怒りも感じるのではないでしょうか。多くの部員がそうした気持ちになれば、チーム内に一体感はなくなり、当然雰囲気も悪くなります。「あいつはひいきされてるから」「監督のお気に入りだし」「実績があるからしょうがないけどさ」「どうせオレたちはその他大勢だし」「ベンチで声出せ、しか言われてないもんな」という気持ちがチーム全体に蔓延し、気持ちがひとつになることはありません。選手個人の目標もわからなくなってしまうでしょう。

再び小出義雄さんの指導を引き合いに出しますが、小出さんは学生時代にあまり好成績を残せなかった選手を積極的に受け入れて指導しました。有森裕子さんがそうですし、高橋尚子さんも中距離で活躍した選手で、長距離の実力は未知数でした。有森さんや高橋さんが素質を開花させた後も、それ以外の選手を分け隔てなく熱心に指導しました。指導する選手は大勢いましたから、すべて平等にとはいかなかったでしょうが、「全員をひとり残らず強くしたい」という姿勢にブレはありませんでした。だから教え子たちはみんな厳しい指導についていったのです。

スポーツは、時に残酷な世界でもあります。勝ち残るのはごく限られた選手。最終的には選手が持つ才能で結果は決まるものです。小出さんの門下生にも、どんなに頑張っても結果に結びつかず、夢破れた選手はたくさんいます。しかし、できる限りのことはやれた、あるいは選手として大成できなかったとしても、練習を続けた日々が人生にとってムダではなかったという点で、小出さんに感謝している人は多いはずです。

フェアネスのある指導者は、選手の可能性を信じることができる人です。結果が出ない選手に対しても、潜在能力を引き出せば、必ずなんとかなる、と考えます。選手とコミュニケーションを重ね、気づきを導き出そうと模索し、時間をかけて、それを続けるわけです。

そのような指導を受ければ、選手も簡単にはあきらめなくなります。高校で結果が出なくても、進んだ大学や社会人のチームで実力が開花するかもしれない。フェアネスのある指導者はそれでいいと考えています。それが選手ファーストなのです。

そうした指導者の資質は、指導する選手やチームの大会での成績だけでは判断できません。

こうした指導者は「勝負に勝つこと」だけを目的にしているわけではありませんから、結果としてチームや選手を毎年全国大会に連れて行けるとは限りませんし、大会に出ても負けてしまうことも少なくありません。だからこうした指導者を見つけるのは簡単ではないのです。

しかし「選手ファースト」を貫き、ブレない指導者の存在は必ず評判になります。トップアスリートを目指す子どもをサポートする親としては、そんな人物を探し出す努力をしてほしいものです。

コーチング手法は「甘い指導」ではない

「コーチングによる指導は甘い」という声があるのも確かです。

選手の話に耳を傾け、コミュニケーションを重ねて承認し、「気づき」を引き出していく、などという優しさは、指導者には必要ない、強くなろうと覚悟してスポーツを始めたのだから、厳しい練習を課して鍛えればいいんだ、と考える人は少なくありません。

体育会的部活が当たり前だった世代、それも厳しいしきたりや練習を乗り越え、一定の実績を残した人たちは、そうした主張をしがちです。根性論はいまだに根強く生きているのです。

しかし、欧米では上から抑えつけて練習をさせる指導はほとんど見られませんが、世界のトップで戦うアスリートが現れます。それはけっして、日本人よりも体格的に有利だからという理由だけではありません。

サッカーの強豪チーム、スター選手が多い南米でも、タテ構造とは無縁の環境から優れた選手が育ってきます。彼らは小さい頃の遊びからサッカーを始めます。競技人口が多いぶん、そこからレベルアップし、プロまで行くには熾烈な競争を勝ち抜かなければなりませんが、それをするかどうかは自分次第。自らの意思で努力し、才能を開花させてプロになるのです。

近年はサッカーの日本代表も実力をつけ、ワールドカップに連続出場するまでになりましたが、ヨーロッパや南米の強豪国の厚い壁を突き破るまでには至っていません。体育会的根性論が強く残った選手育成には限界があるという証拠です。

もちろん、いわゆる体育会系の指導とは無縁な国のアスリートも、厳しいトレーニングを積んでいます。そうしなければライバルとの競争に勝てないからです。目標に向かって自らを律し、努力を重ねるのは、きついけれども上から言われた通りに練習することよりも、ある意味でずっと大変です。コーチングによる指導は、そうした自主性を重視する選手育成手法です。「強制されない」「怒鳴られない」からといって、けっして甘いものではないのです。

脱・体育会型指導で目覚ましい成長を遂げたチーム

日本でも体育会的タテ構造から脱皮して輝かしい成績を上げるようになったチームが現れるようになりました。その代表格が帝京大学ラグビー部です。

2019年ラグビーワールドカップでは日本代表が強豪国をつぎつぎに破ってベスト8に進出、日本中を沸かせましたが、1987年に第1回大会が始まってからしばらくは、ほとんど勝てない状態が続きました。その頃の大学ラグビー界は、どのチームもまさに体育会的体質を温存しており、勝者のメンタリティを受け継ぐ伝統校が強豪校として君臨していました。

そんな中、脱体育会の体質改善に挑んだのが岩出雅之監督率いる帝京大学ラグビーです。岩出さんが監督に就任したのは1996年。当初は長く続いてきた組織運営と指導を踏襲したそうです。しかし、どんなに厳しい練習を課しても伝統校の壁を破ることはできませんでした。従来通りの体育会型運営と指導では、やはりどうしても伝統校の力が上回ってしまうのです。

その現実に直面し、自らの指導を省みつつ打開策を考えた岩出監督は、あることに気づいたそうです。「オレについてこい」式の指導では、選手が指示待ちになってしまうということです。「自らの頭で考えず、指示に従うだけの練習をすれば、指示されたことはこなせても、それ以上のことはできないし成長もない」と。また、「命令に従うだけでは、練習も試合も楽しくない。

選手たちは大好きなラグビーをやるために大学に入ったはずなのに、ラグビーを楽しめず意欲を失いそうになっている。その原因は、自分ではないか」とも思ったそうです。

選手たちが自分の指示を待つのではなく、自ら考え、自主的にラグビーに取り組めるようにするにはどうしたらいいかを考えた末に出した答えが、これまでの体育会的体質からの決別でした。

岩出監督が行った部の改革は多岐にわたりますが、最もインパクトがあったのは先輩・後輩のタテ構造をなくしたことでしょう。雑用は上級生が率先して行い、1年生はやらなくてよいという決まりをつくったのです。大学の運動部はよく、「4年神様、3年貴族、2年平民、1年奴隷」といわれます。学年による厳密な階級があって、1年生は奴隷のように、こき使ったり、いじめてもいい存在で、それを1年耐えれば少しは人間扱いされる平民に昇格し、それを経て3年になれば位が上がって貴族、さらに4年になれば神様のような絶対的地位になるというわけです。このたとえは極端だとしても、1年生は練習の準備や掃除といった雑用にとどまらず、先輩の買い物などもしなければならない。競技力向上には何の意味も持たない悪習ですが、こんなしきたりがまかり通っていました。

先日も、元バレーボール選手の川合俊一さんが、あるテレビ番組で、「今はそんなことはありませんよ」と断りながらも、日本体育大学時代の思い出として「掃除をしたあとの床をなめろと言われたこともある」「1年生はチリ、ホコリ扱い」「布団を敷くにも、寝るにも、すべて先輩に～してよろしいでしょうか、と許可をとらなければならなかった」と語っていました。

「選手として」「人間として」のダブルゴール

岩出監督はいわゆる部活動のこうした階級制度をぶち壊しただけでなく、逆転させたのです。1年生は雑用をしなくていいという決まりには合理的な理由があります。1年生は大きな変化にさらされる時期です。部活動や大学生活などすべて初体験であり、うまく順応できるかという不安を抱えています。まずは新しい環境に慣れるのが先決で、雑用などのよけいな負荷をかけたくないということです。また、岩出監督は入学後の1～2年は自分と向き合う土台づくりの時期ととらえているそうです。新入部員一人ひとりに最初に問いかけるのは短期的目標と長期的目標を考えること。短期的な目標とは、まず自分が選手としてどう成長するか、チームにとってどんな存在になるかといったものですが、注目したいのが長期的目標です。ラグビーを超えて、どんな仕事につき、社会でどう活躍するのか、つまり人生の目標を考えさせたのです。選手が自分の内面と向き合うことで、自分というものが見えてきます。それが大学でラグビーをやる動機づけにもなる。岩出監督はこのふたつの目標を「ダブルゴール」と表現しています。

野村克也さんも、この「ダブルゴール」を選手たちに示し続けていました。ヤクルトの監督時代、練習・試合後のミーティングは、野球の話よりもむしろ「人間とは」「人生とは」といったことが多かったそうです。野村さんは、野球の世界しか知らずに育ってきた選手たちに「選手として成功すること」と同時に、時にはそれ以上に「人間としての成長」を求めました。

岩出監督も学生たちに、大学時代のゴールだけではなく、卒業後のゴールも同時に目指すことで人間的に成長してほしいと考えたのです。1年生は心に余裕を持ち、自分づくりに集中してもらう時期であり、雑用などやらせてはいけないというのです。

しかし、これはそれまで当たり前だった部のあり方をすべて覆す方法です。学生側にも抵抗はあったでしょう。下級生のとき、つらい仕打ちを耐え、地位を上げた4年生、3年生からはとくに反発もあったはずです。また、岩出監督自身も、それまでやってきた自らの指導スタイルを全否定することになります。不信感を持たれても仕方ありません。が、岩出監督は辛抱強く方針転換の必要性を部員たちに説き、納得してもらいました。

休むことを教えるのもコーチの仕事

練習法も大きく変えました。

まず、長時間に及ぶ練習を廃し、短時間集中型に改めたのです。従来の部活では、どれだけ長く練習をしたかを競う価値観がありました。長い時間を練習に捧げることが精神面を強くするという考え方からです。しかし、延々と続く練習では集中力を保ち続けることは不可能で、頭も働かなくなります。つい気が抜けたプレーをしてケガをしてしまう可能性も高く、むしろ弊害のほうが多いということでやめたのです。そして、睡眠を含めた休息をとることの重要性を岩出監督は学生に説き、生活習慣に根づかせたそうです。

監督からの学生への指示は、学年ごとに置いた学生コーチを通すようにもしました。学生同士で話し合い、各々が考えながら練習に臨んでもらおうという考えからです。岩出監督自身も学生一人ひとりに話しかけ指導しました。「上から」ではなく、同じ目線でコミュニケーションをとることに気を配ったそうです。そして必ず質問を投げかけ、選手の考えを聞くそうです。たとえば練習中のプレーについて、「なぜそのプレーを選んだのか」を聞きました。「なぜパスを選ばずにキックを選んだ?」「なぜパスをせずに正面から突破しようと思った?」など、良い悪いという評価をするのではなく、判断の理由を聞いて、選手にプレー選択について深く考えてもらおうという働きかけです。

この他にも、従来の精神論から脱却するさまざまな取り組みを始めました。体づくりや体調管理のため、食事のアドバイスをする管理栄養士を採用し、定期的に選手の血液検査を行い、トレーニングの効果や疲労度をデータ化して選手に見せるということもしているそうです。

このようにして帝京大学ラグビー部は体育会のタテ構造だけでなく、根性論につながる要素を取り除いていきました。

その結果、選手たちは自主的に練習に取り組むようになったそうです。ラグビーが好きで、高いレベルでプレーしたいと思って大学に入った選手たちです。その思いをスポイルするような指導者や上級生からの圧迫も、理不尽なしきたりもなく、しかも自己を確立する時間を与えられ目標も明確になります。自分の思いを実現できる環境にいるわけで、練習せずにはいられなくなるのです。部員全員が自ら練習するようになれば当然、競争意識も高まります。部員たち自ら、ライバルを上まわるために厳しいトレーニングに挑みます。加えて、考えてプレーすることと、コミュニケーションをとることが身についていますから、レベルアップするにはどうしたらいいかを部員同士が語り合うようになりました。岩出監督からの問いかけによって自分の中に眠っている能力に気づくことも多かったようです。また、休息や食事管理、データによる体調管理によって故障も減り、すべてがプラスに回転するようになって、帝京大は着実に実力をつけていきました。

そして２００８年度の関東大学対抗戦で伝統校の早稲田大学を破り初優勝。翌２００９年度は全国大学選手権で優勝し、初の大学日本一の座につきました。

帝京大の快進撃はこれにとどまりません。２０１７年度まで全国大学選手権９連覇を成し遂げたのです。２０１８年度には連覇が止まりましたが、どんな強豪も勝ち続けることは難しいものです。これが勝負の厳しさでしょう。ともあれ9年連続で日本一になったことは、まさに快挙としか言いようがなく、それを成し遂げるチームになれた最大の要因は、体育会系体質の一掃だったのです。

第5章

「ワンチーム」のつくり方とチームリーダー、キャプテンの役割

自分で考えられる選手たちが勝利をつかむ

ここ数年のラグビー日本代表のレベルアップには目覚ましいものがあります。

2015年ワールドカップでは南アフリカを破るジャイアントキリングを果たしただけでなく、サモア、アメリカにも勝って3勝1敗の成績を残しました。日本で開催された2019年ワールドカップでは強豪のアイルランド、スコットランドにも勝利して4戦全勝でグループリーグトップ通過。目標としていたベスト8進出を成し遂げました。

この2大会での日本代表の帝京大学OBは2015年こそ堀江翔太、ツイ・ヘンドリック両選手の2人でしたが、2019年はこの2人に加えて姫野和樹、流大、松田力也、中村亮土、坂手淳史の5選手が選ばれ、出身大学では最多の7人がプレーしました。

日本代表躍進の礎を築いたエディー・ジョーンズ元ヘッドコーチは日本の指導法をよく見ていて「根性論では勝てない」と語っています。何のためにそのトレーニングをするのかを選手に語り、納得させ、自主的に取り組むよう促しました。指導を引き継いだジェイミー・ジョセフヘッドコーチも同様で、2人の指導によって日本代表は世界の強豪と対等以上に戦えるまでに成長しました。

日本代表が強くなる過程で欠かせない存在だったのが帝京大出身の選手たちといえます。

ラグビーのポジションはフォワード（ＦＷ）とバックス（ＢＫ）のふたつに分けられます。ＦＷはスクラムを組んで押す８人ですが、常にボールのあるところに行って相手ＦＷと肉弾戦を演じ、ボールを獲得する役割を持っています。ＢＫはその後方でラインを形成し、ＦＷが獲得したボールをパスして展開したりギャップを見つけたら突破を試みたりして、ボールを前進させる役割です。ひと昔前日本のラグビーは、このＦＷとＢＫの役割を分けて考える傾向がありました。ＦＷ陣とＢＫ陣が別々に練習するチームも少なくなく、ＦＷはボールの獲得に専念していればいい、ＢＫはボールを前進させるスキルを身につけろ、と指導していました。

ところがワールドカップで対戦する強豪国は、そんな日本のはるか先を行くラグビーをしていました。ＦＷはボールの獲得役、ＢＫは展開し前進する役という役割分担はベースとしてあるものの、状況によってはＦＷもラインに加わってパスをし突破を図る、ＢＫも密集に加わって相手を押したりボールを奪ったりする、というポジションを超えたプレーを全員が当たり前のようにできるのです。

強豪国は試合に出場している選手ひとりひとりが的確な状況判断をし、それに応じて最善のプレーを選択します。対する日本の選手はポジションに特化したスキルは優れているものの、それを超えたプレーはできませんでした。常に変化する状況への対応力に差があれば、勝てないのも当然です。

前述した帝京大は日本のラグビーのそんな弱点を克服する流れをつくったと言ってもいいでしょう。岩出監督は部員たちに考えてプレーすることの重要性を説き、「なぜ？」と問いかけ続けることで、的確な状況判断やプレー選択ができるよう指導しました。自主性を持った選手はそれを受け止め、各々プレーの幅を増やし最善のプレーができるよう努力したのです。帝京大の選手は自分の判断でポジションを超えたプレーを試合でも見せるようになり、それによって勝利を重ねるチームになりました。

大学選手権9連覇という偉業を成し遂げたチームです。ライバル校は帝京大が強くなった要因を研究し、同様のラグビーをするようになりました。そして活躍した選手は卒業後、社会人のトップリーグでプレーを続けます。トップリーグのチームでは外国人選手が数多くプレーしており、世界標準のラグビーをするようになっていましたが、大学で経験済みの選手が入ることでブラッシュアップされる。そしてその中から日本代表が選ばれることになります。

その選手たちが2人の外国人ヘッドコーチの指導によってさらに成長し、強豪国のラグビーに追いつくことができたのです。そしてベスト8を勝ち取った代表チームには岩出監督の教えを受けた選手が7人もいました。堀江翔太選手はフッカーというFW第一列の選手にもかかわらずライン参加を繰り返し、攻撃でも守備でも大奮闘していました。そんな姿がチームに刺激を与えたことは確実で、他大学出身者も含め代表の選手全員がポジションを超えて最善のプレーを選ぶ質の高いラグビーをするようになったのです。

全国の学校のラグビー部の指導者と選手が日本代表の成長を見て、どうしたらそうなれるかを考えたわけで、ラグビー界では体育会的体質が見直される時期が意外に早く来るのではないでしょうか。

ラグビーの「ワンチーム」はいかにしてつくられたか

「ONE TEAM＝ワンチーム」は2019年の流行語大賞に選ばれました。

それからというもの流行語大賞の面目躍如で「ワンチーム」というフレーズを多くの人が使うようになりました。しかし、このワンチーム、「言うは易く行うは難し」です。大会で優勝したチームのキャプテンが「全員がひとつになって戦った結果です」とコメントをします。が、体育会的体質を持ったチームの場合、本当の意味での「ひとつ」にはなり切れていないことが多いはずです。選手に競争させて少数の勝者でチームをつくり、その陰には多くの脱落者がいる、という指導では、試合に出場した者だけが「ひとつになれた」と思い込んでいて、そこから除外された選手は冷めているということも多いものです。

ただ、指導者にカリスマ性がある場合は、全員の気持ちをひとつにする可能性はあります。

指導する姿勢に独特の威厳があり、語る言葉も重い、という場合です。存在感で選手の心をつかむ指導者はいるもので、たとえ体育会的指導をしたとしても、選手は信じてついていくものです。「そのチームに入れただけで満足」「チームの勝利に貢献はできなかったかもしれないけれど、最後までついていけたことだけで満足」という気持ちになる選手もいます。

とはいえ、それは非常にまれなケースです。

本来は、チームを構成する全員に目配りし言葉をかけ、個々の努力を承認し、主力だろうが、控えだろうが、2軍だろうが、マネージャーだろうが差をつけることなく、ひとりひとりの存在を認めるコーチングこそが、チームをひとつにできるのです。

ラグビー日本代表の場合は、やはり2人のヘッドコーチの指導が「ワンチーム」をつくったのだと思います。

キーワードは「自主性」と「プライド」です。代表を構成する選手は所属するチームも成長過程もさまざま。外国人も多く、家庭を持っている選手もいれば独身の選手もいますから、人生に対する考え方も価値観もそれぞれ異なります。

唯一共通するのは「ワールドカップに出場する代表チームの一員として活躍し、勝利したい」という思いです。しかし、競争させるだけでは、その思いを共有できるところまでいけません。2人のヘッドコーチは通訳を通してですが、選手ひとりひとりとコミュニケーションをとり、良さを認める言葉がけを続けたそうです。

代表に選ばれるまで自分を高めてきた選手たちですから、もともと精神的に自立し、自主性を持って練習に取り組んできたはずですが、世界で実績を積んだ指導者から承認されれば、「このチームのために」という思いはさらに強くなります。そして自分がどんなプレーをすればチームに貢献できるかを考え、自主的に厳しいトレーニングに臨むようになったのです。そして全員の意識がそのレベルまで上がり、互いを認め、思いを共有したことでワンチームになれたのです。

また、ジョセフ元ヘッドコーチは「日本代表のプライドを持て」と言い続けたそうです。ワールドカップでベスト8進出の目標を達成した日本代表の選手たちは称賛されましたが、個人的な喜びを語ることよりも、むしろ「自分たちが頑張ることで多くの方にラグビーの素晴らしさを知ってもらい、ラグビー界の発展につながれば」といったコメントが目立ちました。単に勝つことだけでなく、それ以上のプラスをもたらす役割を果たしたいという共通認識があったのでしょう。プライドを持てというヘッドコーチの言葉が、そうした意識につながったはずです。

リーチ・マイケル選手の類まれなキャプテンシー

もちろんキャプテンを務めたリーチ選手の存在も忘れることはできません。リーチ選手は高校時代に来日しており日本語は堪能ですが、言葉よりも行動でチームを引っ張っていくタイプのリーダーです。実際、強豪国との試合では、密集からボールが出ると誰よりも速くボールのある位置に駆け寄り、攻守に体を張り続けました。ジョセフヘッドコーチの指導によって意識が高くなっている選手たちは、彼の労を厭わない献身的な姿を見てさらに奮い立ったはずです。

これらの要素が重なり合ったことで、ラグビー日本代表のメンバーは胸を張って「ワンチーム」と言えたのではないでしょうか。

リーチ選手には会ったことはありませんが、もともとコーチングの才能を持った人物のような気がします。彼のコメントを聞くと、細かなところまで目配りができています。キャプテンはフィールド上のリーダーであり、試合では必要な指示を出したり仲間を鼓舞する役割を持ちますが、偉ぶった様子は少しも感じません。全選手に同じ目線で語りかけており、その眼差しには、同じように体を張って戦う仲間に対するリスペクトが感じられます。おそらく自分たちをサポートしてくれるトレーナーなどのスタッフにも、同様に接しているのではないでしょうか。しかも、ともに過酷な合宿をともにしながら最終的に日本代表メンバーの選考からもれた立川理道、山田章仁、山本幸輝らの選手に対しても、リーチ選手は選出されたメンバーとともに最大限のリスペクトと感謝の言葉を送りました。

日本中で有名になった「ビクトリー・ロード」の歌詞をつくった山本選手には、ロシア戦の勝利後、堀江選手からは「お前の文化が残ってるぞ」と、田村優選手からは「幸輝のつくった歌をめっちゃいいタイミングで歌えた」というメッセージが届いたそうです。

コーチングは上からの指導ではありません。相手とイーブンの状態でコミュニケーションをとることが大前提です。対等な関係で相手の話を聴き、相手を人間として尊重する、つまりリスペクトすることにほかなりません。

リーチ選手は育った環境、指導を受けた人たちにも恵まれたのでしょう。相手とそのように接する能力が身についているように感じます。そんな人物だから、ジョーンズ元ヘッドコーチがキャプテンに指名し、ジョセフコーチもそれを踏襲したのだと思います。

チームにおいて「キャプテン」の存在は重要で、その人選によってチームの士気が上がったり下がったりします。つまり強くもなれば弱くもなる。誰をキャプテンにするかはチームづくりにおいて、心をくだかなければならないポイントです。

私がトレーナーについたアスリートに学生時代の部活の話を聞いたところ、キャプテンの決め方はさまざまでした。一番多いのは監督など指導者による指名ですが、部員たちの話し合いや、投票で決めるケースもあるようです。

部員が決めたキャプテンの場合は、ほとんどその後の問題がないようです。なぜなら、部員は監督以上にキャプテンの人柄がわかっており、リーダーシップがあるかどうかを判断できるからです。しかし、指導者による指名は問題があることが少なくありません。多くの指導者は、最も「競技力」が優れた選手をキャプテンに選びがちです。主力としてチームを引っ張ってほしいという思いからでしょう。しかし、競技力に優れた選手にリーダーシップがあるとは限りません。

また、いわゆる熱血漢やひたすら真面目で従順な選手を選ぶケースもありますが、これまた、こうした要素を持った選手が、必ずしも良いキャプテンになるわけではありません。熱血漢はチームに気合を入れ活性化させるのは得意ですが、細かな目配りができないことも多く、他の部員から浮いているケースもあります。監督は「真面目な選手」と評価していても、真面目なのは監督がいるときだけ、ということもあります。そんな選手がキャプテンになっても、チームがひとつにまとまるわけがありません。

ただ、コーチングができる指導者がキャプテンを指名する場合は、非常に的を射た人選ができるはずです。常日頃部員たちとコミュニケーションをとっているので、部員一人ひとりの人柄が把握できているうえ、日常の会話から誰が頼られる存在なのかもわかっているからです。

コーチングを通して、リーダーシップがあり、チームをひとつにまとめることができるキャプテン最適任者を知ることができるということです。

ラグビー日本代表を躍進させた2人のヘッドコーチは、そんな指導者でした。だから、ともにリーチ・マイケル選手をキャプテンに指名したのです。

キャプテンもコーチングを学んでほしい

指導者はもとよりキャプテン自身にもコーチングのスキルは不可欠です。リーチ・マイケル選手のようなキャプテンとしての素養を備えている人材はそう見つかるものではありません。人柄やリーダーシップの有無を見てキャプテンにするだけでなく、コーチングの手法を学んでもらうことも大切なのではないでしょうか。

その点で、理に適ったキャプテン育成をしているチームがあります。佼成学園高校アメリカンフットボール部です。佼成学園は日本一決定戦のクリスマスボウルを2016年度から3連覇。2019年度は立命館宇治高校に敗れ4連覇はなりませんでしたが、高校アメリカンフットボール界を代表する強豪です。

同校の小林孝至監督は帝京大ラグビー部の岩出監督と同様、体育会的タテ構造とは無縁の指導スタイルでチームをトップレベルに引き上げました。その手法は岩出監督に通じるさまざまな創意工夫にありますが、キャプテン育成にもそれが表れています。

同部では各学年に4人ずつリーダーを置いています。練習や試合の後、普通なら監督が見ていて感じた課題、修正点などを語るものですが、それを4人のリーダーが行う形をとっています。学年ごとに集まり、4人が感じたことを順番に伝えるのです。その後に全員を集め、監督が短く語ることはありますが、基本的には4人のリーダーに同学年のことをまかせているのです。

このリーダーをどのように決めているのでしょうか。とくに1年生は部員の性格も、リーダーシップの有無もわからない状態です。小林監督は「中学時代の部活経歴などを見て、とりあえずのリーダーを選びます」と話しています。

とりあえず、というのはリーダーは固定ではなく交代もあるということです。

「当初はリーダーに指名された責任感もあって誰もがその役割を果たそうと頑張りますが、中にはそれを重荷に感じる部員もいます。見ていてリーダーシップが感じられない部員もいる。そんなときは話し合って、交代してもらいます。リーダーといっても偉いわけでも特権的立場でもないことや、交代があり得ることは前もって話してありますので、みんな納得してくれます」

リーダーになるということは、コーチングの修業をしているようなものです。練習中は同学年の部員のプレーに目を配り、気になることがあれば言葉にして伝えるのです。コーチングのスキルがあるわけではないですから、質問しプレーについて考えるきっかけを与えるということまではできないでしょうが、毎日リーダーを務めることで観察力やコミュニケーション力を身につけるのです。

そうして2年が経ち、その学年が最上級生になって新チームがスタートするとき、残った4人の中からキャプテンと副キャプテンを決めます。指名するのは小林監督ですが、監督も毎日リーダーたちの語りかけを見ていますから、誰が一番リーダーシップがあるか見抜けますし、部員たちとも会話を交わしているので、誰もが「この人ならついていける」と思っているリーダーもわかるわけです。

つまり、2年間かけてリーダーを養成し「チームをひとつにまとめられる」最適任者をキャプテンにするのです。

このリーダー養成には副産物もあります。交代があるため、多くの部員がリーダーを務めた経験を持っています。そのときの大変さがわかっているから、キャプテンの心情を理解し、協力しようと思えるのです。その結果、持てる実力を試合で十分に発揮できるワンチームができるということです。

第6章

逆境を乗り越えるメンタルを育てるコーチング

何より「情報」をほしがる選手たち

通常プロアスリートには複数のコーチがついています。チーム競技の場合は選手のポジションごとにスキルを指導するコーチ、フィジカルを担当するコーチやトレーナー、メンタルコーチなどがいますし、プロテニス、プロゴルフのような個人競技のアスリートにも複数のコーチがついています。錦織圭選手にはマイケル・チャンコーチと、マックス・ミルタイコーチの2人がいますし、ほかにもヒッティングパートナー、フィジカル、メンタル、メディカル、栄養面などを担当するサポートスタッフを含めた総勢10数名で構成される「チーム圭」に支えられ、錦織選手は戦っているのです。

コーチもプロですから自分の専門領域の指導に徹し、他の分野に口を出すことはないでしょう。ただ、アスリートとは信頼関係が築かれていて、誰もが選手とコミュニケーションを密にとり、気持ちを支えるコーチングをしているはずです。

私(森本)もスタッフのひとりであるトレーナーですが、アスリートのフィジカル面のケアを行うだけでなく、話し相手になってモチベーションを高めたり、不安感を軽くしたりといった精神面のサポートをしてきました。アスリートをマンツーマンで指導するパーソナルトレーナーになれば、なおさらその必要があり、コーチングを学び、その手法で選手を支えてきました。

パーフェクトゲームを達成直後のフェリックス・ヘルナンデス選手と著者(森本)。
(2012年セーフィコ・フィールドのトレーニングルームにて)

私がこれまでアスリートからパーソナルトレーナーを依頼され現在に至っているパターンはふたつあります。ひとつは私のトレーニング指導や治療を受けて、腕を信頼されるケースでメジャーリーガーのフェリックス・ヘルナンデスがそうでした。マリナーズのトレーナーを務めていたとき、選手のひとりとして体のケアをしたのですが、それによってパフォーマンスが上がったことで信頼され、後に「自分の専属になってくれ」と頼まれたのです。もうひとつは人の紹介によって頼まれるケースで、現在担当しているプロゴルファーの宮里優作選手はそのひとりです。

ヘルナンデス選手とは彼が19歳のときからの付き合いでしたので、すでに信頼関係があるので気を遣う必要はありませんでしたが、宮里選手とは、まずそれを築くところから始まりました。ファーストコンタクトが大事なのです。コーチングは人に介入する仕事です。アスリート本人がそれを望んでいるから介入するのですが、最初は慎重に接する必要があります。積極的に介入されることを望む人もいれば、距離を置いて接してほしい人もいます。かける言葉も、ストレートに言ったほうがいい人とソフトに語りかけたほうがいい人がいます。さまざまなタイプがいて、それを間違えると信頼関係は築けないので、会話から相手がどんなタイプか探ることから始めるのです。

初期の会話では自己紹介がてら、これまで担当してきたアスリートの話をすることが多くなります。もちろんネガティブな情報は話しませんが、どんなケアをしたら効果があったとか、スランプをこうして乗り越えたといった話は興味深そうに聞いてもらえます。

アスリートはたとえ他の競技のケースであっても、現場で行われているケアやトレーナーとの関係などを知りたいものなのです。チームに所属していれば他の選手のトレーニングの内容はわかりますが、故障の予防や体のケアは個々にまかされていることが多いものです。そのため「自分が行っているケアは正解なのだろうか」と思っています。故障は競技人生を左右するもので、アスリートは常にその不安が頭にあります。私たちはその専門家であり、数多くのアスリートを見ているわけですから、選手は自らと比較して安心感を得るうえでも、他のアスリートのケアについて知りたがるのです。

相手の心を開くための質問

トレーナーとしての仕事をしながら、こうした会話を重ねていくと、相手も次第に心を開いて話をしてくれるようになります。ただ、これにも個人差があります。比較的すぐに心を開いてくれる人もいれば、時間がかかる人もいます。私は相手の表情や発する言葉からそれを感じ取り、人間関係を築くようにしています。

その過程では、そのアスリートの過去についても聞くようにしています。担当することになった時点で、どのような競技歴を持っているかを調べて頭に入れておきますが、記録に表れない出来事もたくさんあるはずです。ケガで苦しんだ経験であるとか、親との関係であるとか、指導者に対する思いであるとか、競技をするうえでプラスになったことだけではなく、マイナスになった出来事も本人から語ってもらうのです。

とくにケガの履歴はトレーナーを務めるうえで必要不可欠な情報です。過去のケガの経験がトラウマになっていて、パフォーマンスに影響を与えていることも少なくないからです。

また、どのくらいの練習を積んできたのかも聞きます。「1万時間の法則」と言われるものがあります。何かのスキルによって成功を収めるには、そのスキルの練習を1万時間積む必要があるという説です。アメリカの心理学者アンダース・エリクソン氏が調査を重ねて論文を発表したものですが、その内容は2008年、英国人の新聞記者マルコム・グラッドウェル氏が出版した『天才！ 成功する人々の法則』という書籍によって、世に知られるようになりました。モーツァルトやビル・ゲイツ氏といった成功者の例をあげ、1万時間の習得期を経れば彼らのようになれるはずだ、と主張したのです。

もちろんこの法則には否定的な意見も数多くあります。1万時間は膨大な時間だからです。毎日欠かさず3時間練習をしたとしても9年以上、6時間でも4年以上かかります。「もっと短期間にスキルを習得し成功している天才もいる」というわけです。

しかし私はアスリートに関しては、この法則が当てはまると思っています。福原愛さんをはじめ卓球でトップまで上り詰める選手は幼い頃から1日6時間に及ぶような練習を積んでいます。野球やサッカーでトップになる選手も少年時代から1日3時間ぐらいの練習は当たり前のようにしています。もちろん練習の質によっても事情は異なります。意味のない練習をいくらやってもスキルは身につきません。しかし、ほとんどのトップアスリートは1万時間以上の練習を経ているのではないでしょうか。

もちろん、私はすべての人にそれを推奨しているわけではありません。私が担当するアスリートにこれまで積んできた練習量を聞くのは、それが心身にどんな影響を与えてきたかを把握したいからです。幼い頃から膨大な練習を積んでいれば、筋肉をはじめ体の各部が疲労している可能性があります。練習にも飽き飽きしていて、気持ちがついてきていないことも考えられます。トレーナーとして、コーチングで心を支える立場として、アスリートが練習によって受けた影響、現在の心身の状態を知っておきたいのです。

故障を予防するためにも、この情報は不可欠です。トップアスリートは競技に対しては例外なく真面目で、練習をしないと不安になってしまう人がほとんどです。セーブを勧めても、それ以上のトレーニングをすることがしばしばです。しかし、故障してしまえば元も子もありません。疲労骨折の兆候はないか、筋肉はこのトレーニングに耐えられる状態か、といったことを考えながら指導するのが私たちの役目です。今の体の状態を科学的に分析するには、これまで積んできた練習量も重要なデータなのです。

過去をアスリートの口から聴くことは、今後の指導の方向性を決めるうえでも必要です。アスリートによって成長速度はさまざまです。たとえば中学ぐらいまでは順調に伸びていたのに、高校に入ったら伸びが鈍るタイプがいます。逆に高校まで目立った成績が収められなかったのに、その時期を過ぎてグーンと伸びるタイプもいる。また、一度伸びが止まっても、再び伸びる時期が来るタイプもいます。フィジカルの成長とスキルの成長が一致していればいいのですが、別々に伸びるケースもあります。アスリートとしてのフィジカルやスキルの伸びはすごいのに、それに人間性の成長速度がついていかない場合もあります。まだ自我が確立されず、自分の意志で目標に向かっているわけではないうちから、素晴らしい記録を出してしまう選手もいるのです。こうした場合は、近い将来、たとえばケガをしたときや、記録が伸び悩んだときなどに、自分で乗り越えることが非常に難しくなる可能性もあります。

担当するアスリートの今後の成長をサポートする立場、最高の応援者であろうとする私たちは、彼らの過去に関する言葉をはじめ多くの情報から、その成長速度を探っておく必要があります。それがないと、コーチングをする場合にどこにフォーカスすれば良いかが見えず、最短距離で成長に導くことが難しくなってしまうのです。

コーチングで人生のゴールを明確にする

トップアスリートでも意外に多いのが、人生の目標が明確になっていない人です。目の前の相手に勝つこと、そのために実力を上げることに集中することはできても、明確なゴール設定ができていない場合です。

けれど、どんなに素晴らしい選手でもトップレベルで活躍できるのは限られた年数で、実はその後の人生のほうがずっと長いのです。

指導者の中には「先のことなど考えるな！」と言う人もいます。気持ちが守りに入るから、勝ち続けることを考えろ、というわけです。こうした言葉に奮い立ち、成長するタイプもいるでしょう。トッププロになれば、一般人の生涯年収を超えるような金額を1年で稼ぐこともできます。しかし、そこまで行けるのはごく少数。並外れた素質を持ち、それを磨き続ける努力ができる人です。

人生の目標やゴールを設定することは、守りに入ることではありません。むしろそれを明確にしたほうが、アスリートとして成長する動機づけにもなります。ビジネスコーチングでも、直接今の仕事に関わることばかりではなく、人生の目標などについて問いかけます。何年後にこのくらいの年収を稼ぎたい、こんな家庭を築きたいといった個人的な目標だけでなく、自分は社会にどんな形で貢献できるのか、といった存在価値を考えさせるような質問をします。そしてむしろ後者の目標や目的のほうが仕事のモチベーションを高めることが多いのです。

アスリートもそうです。プレーするとき、ここで活躍したら年俸がいくら上がるか、ということばかり考えている選手はいないはずです。ファンに喜んでもらいたい、感動を与えたいといった思いが強いでしょう。その感動をもたらす頻度が多いアスリートこそが超一流として認められ、結果として年俸が上がります。報酬は「他者に貢献し、他者を感動させたい」という思いの後についてくるのです。

その意味でもコーチングでは、人生の目標やゴールについて問いかけることも大事です。そして、そうした目標を共有し自然に語り合える関係を築くことが、指導者には求められると思います。

選手の「自己採点」のなかにヒントがある

信頼関係はテクニックで築けるものではありません。相手をリスペクトし、同じ目線で向き合い、誠実に問いかけ共感し、承認し、それを続けることで距離が近づいていくのです。ただし、質問の仕方にはテクニックがあります。私が普段コーチングで心がけていることの一端をご紹介します。

トレーナーである私がクライアントとコミュニケーションをとるのは、トレーニングのパートナーやメンテナンスをしながら、あるいは一連のメニューが終わり、相手と向き合っているときです。体に痛みや違和感があるかどうかを聞かなければなりませんし、トレーナーとしての知見に基づいた評価やアドバイスをする必要がありますから、質問の時間は限られます。聞きたいことはたくさんありますが、あれもこれも聞くことはできません。

私は、その日のコミュニケーションの目的を決めるようにしています。前もって、聞きたいことを決め、的を絞って質問するようにしているのです。たとえばある日は「競技を始めた頃のこと」とか、またある日は「インターハイの試合で活躍した○○高校戦のこと」などです。そのときどんな気持ちで競技をしていたか、獲得していたスキル、当時のフィジカルなど焦点を絞って聞くようにしています。

私は競技の技術面など専門領域外の話はしませんが、アスリートの動きを見て、バランスの乱れがないか、筋肉や関節がスムーズに動かせているかといった部分のアドバイスをすることはあります。このとき、つい言ってしまいがちなのが「見たまま」の感想です。ゴルフを例にあげれば「アドレスのときの重心が、良いときよりもかかと寄りになっている」とか「インパクトのとき、右腕の力が伝わっていない」といった指摘です。しかし、こういう言い方をするとアスリートは、指摘された部分のことだけが気になって、全体のバランスを崩すことがあるのです。

これはすべての競技のアスリートに言えることです。アスリートは誰でも、自分が持っているスキルやパワー、感覚などが完璧に出せる動きやフォームを求めていますが、それは全体のバランスがとれ、体の各部が連動するからできるのであって、一部分だけを修正して得られるものではありません。

私はこんなとき、アスリートに点数を聞きます。「今のスイングを自分で採点したら10点満点で何点？」とか「昨日の試合のパフォーマンスに何点つけられる？」といった感じです。相手が「7点ぐらいかなあ」と答えたとします。自己採点ですし、あくまで感覚的なものですが、7点ということは自分自身、納得がいかないところがあるのです。

そこで私は「7点にしたのは、しっくりこない部分があるんだね」と聞きます。こういう聞き方をすると、ほとんどのアスリートは納得がいかない点を具体的に言葉にして伝えてきます。気になっている点があると不安だし、改善したい。誰かに聞いてもらって改善するヒントをもらいたいと思っているわけです。

こうしたとき、アスリートの思考は体全体の動きをベースにしています。「右腕だけ気にしている」「重心だけ気にしている」という状態ではありません。全身の連動した動きのイメージとして話しているのです。これを理解した上でどんな部分を修正したら良くなるか、お互いに意見交換しながら探っていきます。

ベストの動きやフォームを求めて改善するのは本人であり、答えはアスリートの中にあります。それに気づいてもらうために、自然にアスリートが主体になれる「自己採点」という手法をとるのです。

担当しているアスリートに点数を聞くことは長年の習慣になっています。前回会ったとき、7点と答えた相手が「8点」と答えれば、状態が上がっている手応えを感じているわけで、そうしたときはともに喜び、9点を目指すポジティブなコーチングをします。また逆に「5点」「3点」となるときは体に痛みがあるのかもしれないし、精神的に参っている状態かもしれません。低い点数もケアやコーチングの大切な目安となります。

複数の選択肢を用意して選手自身に選ばせる

体のバランスや動きの連動性といったフィジカル面の修正をする場合は、相手が感じていることと、こちらが見て気になるポイントを会話によってすり合わせ、選手自身が答えを見い出せるようにリードしますが、私は複数の選択肢を用意するよう心がけています。「バランスを改善するのに良さそうなアイデアが3つあるんだけど、試してみる?」といった感じです。

前項で記したようにアドバイスする側は、見ていて気になる点ばかりを指摘して「ここをこうすればいいよ!」というアドバイスをしがちですが、それは単なる押しつけで、相手もその点ばかりにとらわれてしまいます。しかし、複数の選択肢を用意することで、その弊害はなくなります。複数のアイデアを試してみて、あくまでどのアイデアを採用するかは選手自身が決めるべきで、コミュニケーションの主体は選手なのです。

フィジカル面の改善策を複数用意するには、私たちの経験による知見が役立っていますが、家族などが選手の精神面のサポートをする時も、こうしたコーチングの技術を取り入れて、サポートの内容を押しつけず、複数の選択肢の中から本人に選んでもらうようにしたほうがいいと思います。

コーチングとは受容の技術でもあるのです。つまり、指導する相手を主役として受け入れることです。私たちは、この姿勢がコミュニケーションをとるうえで、最も大事だと考えています。自分の意見を押しつける、上から目線でものを言うことが良くないのはもちろんですが、だからといって、相手を持ち上げ、むやみにおだてるのも間違いです。相手をリスペクトし、相手もこちらをリスペクトできるイーブンの関係を築くのが理想です。

コーチングの手法としてあげた自己採点と複数の選択肢を用意することも、相手からのリスペクトにつながります。このコーチは自分の点数を聞いて、どうしたらその点数より良い状態になるかを一緒に考えてくれる、前回の点数を覚えていて良くなれば喜び、悪くなれば心配してくれる、ということが「この人は自分のことを、しっかり見てくれているんだ」という信頼感につながります。選手に対して選択肢を複数用意するのも、私自身も選手のために一生懸命努力しているのだということを伝えたいからです。

私はプロのトレーナーとしてアスリートをサポートしていますが、仕事を超えて相手のことを考えている部分が大きいですし、相手もそう思ってくれているはずです。

こうした信頼関係があると、相手が今、何を求めているのかも理解できるようになります。アスリートはメンタルに左右される部分が多く、そのときの精神状態によって「今はこんな言葉をかけてほしい」という思いを持っているものです。調子が良いときは、その気持ちをさらにアップさせるような言葉、スランプのときは不安を取り除く言葉、モチベーションが上がらないときは一歩前に踏み出すきっかけになるような言葉を待っています。

良いコミュニケーションを続けていけば、やがて相手が求めているときに、相手が欲している言葉をかけられるようになります。信頼関係があれば、時には強い言葉で叱咤激励し、気分を転換させることも可能です。

的を射た言葉がけは選手のことを理解していれば、感覚的にできるようになるものですが、TPO(時、場所、機会)は頭に入れておいたほうがいいでしょう。

アスリートのメンタルは時期や置かれた状況によって変わります。準備期(フィジカルを強化する時期、練習期、試合に向けた調整期)、試合直前、試合直後、試合に勝ったときや負けたとき、故障の治療をしている時期などです。そうしたスケジュールや置かれた状況を把握したうえで、かける言葉を用意しておくのです。

前向きな気持ちになれる言葉が基本ですが、私はアスリートの「心の重荷を軽くする言葉」が有効だと思っていて、いくつかのパターンを用意しています。たとえば試合前、アスリートにはさまざまなプレッシャーがのしかかります。周囲やファンの期待、国際大会に出場する選手なら国民からの期待。それは重いもので、意識すればいつものパフォーマンスが出せなくなります。そんなときは「自分」を意識させるのです。「いつものように自分のためにプレーすればいい」とか「自己ベストが出せれば十分だよ」などです。

また、対戦する相手に不安を感じているようであれば、「直前の練習を見たら、最高の仕上がりに見えたよ。練習の通りにやればだいじょうぶだから」といった感じです。

イップスに悩むアスリートを救う

心の負担を軽減させる手法として、新たな情報や理論を利用することもあります。

私はプロゴルファーのトレーナーを務めているので、ゴルフ競技でイップスに悩む選手に出会うことがよくあります。イップスとは、身につけていたはずの何気ない動作が突然できなくなってしまう状態のことで、パターがまったく打てなくなってしまうこともあります。

イップスはゴルフに限らず多くの競技で見られ、プロ野球でもボールを正確に投げられなくなって引退に追い込まれた選手は少なくありません。

イップスは長い間、メンタルの問題と考えられてきました。大きなミスをした経験がトラウマになり、同じミスを繰り返したくないという意識が強くなりすぎて動作がおかしくなるとか、強いプレッシャーが原因とされることもあります。ここで好成績を残さないとプロとして生き残れない、といった思いで追い詰められ、勝負どころのパターが打てなくなる、勝負球が投げられなくなる、という説です。

しかし、一方でスポーツ医学の最新の研究によれば、イップスになる原因はメンタルの問題だけではないことがわかってきています。すべての運動とは、脳が発した指令が神経を通して体を動かすことですが、イップスはその脳と神経との混線がその原因だという報告があります。この混線を修正するには、パターが打てなくなっている場合なら、しばらくパターを打つことをいっさい止め、まったく違う動きのトレーニングをすることが有効だということがわかってきました。パターの動きをいったん忘れることで、混線していた神経が正常に働き出すということです。

イップスになった選手はアスリートとしての未来を断たれるのではという不安に押しつぶされそうになっていますが、こうした新たな情報を伝えることで、気持ちも楽になりますし、混線を直すトレーニングに前向きに取り組めます。体のケガ、故障がイップスの原因の一端になっていることもあるので、その改善にも前向きになれます。

イップスに限らず、アスリートが抱える他のプレッシャーや不安の軽減に有効な情報や新しい知見はあるものです。良い支援者であろうとするなら、こうした情報を含め、サポートに役立ちそうな情報を用意しておくことを心がけてください。

大坂なおみをブレイクさせたサーシャ・バインさんのコーチング

コーチングによってアスリートが目覚ましい成長を遂げた代表例が、女子プロテニスの大坂なおみ選手とサーシャ・バインコーチでしょう。

大坂選手がバインさんとコーチの契約を交わしたのは２０１７年末。２０１８年シーズンからバインコーチ指導のもと、ツアー挑戦が始まりました。このとき、大坂選手は世界ランク68位。20歳と若く、パワーがある選手として注目されていましたが、トップレベルまで行けるかどうかは未知数でした。ところが、バインコーチが指導を始めて３か月後にはＷＴＡツアー初優勝、８か月後には４大大会の全米オープン制覇、約１年後には世界ランキング１位に上り詰めるという大躍進を遂げたのです。

バインコーチは２０１８年のＷＴＡ年間最優秀コーチに選ばれています。

もちろんこの目覚ましい活躍は大坂選手にそれだけのポテンシャルがあったからですが、才能を開花させたのはバインコーチと言っていいと思います。プロアスリートとコーチの関係はシークレットゾーンなので、具体的にどのような指導が行われたかはわかりませんが、映像に映る指導の様子からは、彼が素晴らしいコーチングをしていることがうかがえました。

まず視線です。バインコーチは常に１９０センチの体を折り曲げ、大坂選手と同じ高さの視線で語りかけるようにしていました。大坂選手がベンチに腰をかけているときは、コートに膝をつけて。また、その距離も近すぎず、遠すぎず、リラックスしてコミュニケーションがとれる位置を自然にとっていました。

大坂選手が全米オープン優勝に向けて調子を上げているときの練習風景を見ると、コート上で何度も笑いが起きていました。ハードな練習をすることは当然あったはずですが、ポジティブな言葉がけをして、大坂選手の気持ちをアップさせて競技に向かわせていることがうかがえました。

バインコーチの指導スタイルと、２人の関係を表す有名なエピソードがあります。練習にミニゲームを取り入れ、それに負けると罰ゲームをしなければならないというもので、負けた大坂選手が渋谷駅前のスクランブル交差点で踊ることになったのです。バインコーチをはじめチームスタッフはその姿を見て大笑い。大坂選手も「こんな恥ずかしいことに耐えられたのだから、これからはどんな大試合でも緊張することはないわ」と言っていたそうです。信頼関係が築かれていたことがわかります。

バインコーチがこうしたコーチング手法を身につけたのは、長年ヒッティングパートナーを務めてきた経験が大きいと思います。セリーナ・ウイリアムズを8年間担当、その後、キャロライン・ウォズニアッキのコーチを務めた後、大坂選手のヘッドコーチに就任しました。

ヒッティングパートナーは担当するアスリートの調子を上げるために気分良く打てるボールを返すようにしますが、それだけでなく練習の過程では弱点克服のため、厳しいコースに打つこともあります。そうした打ち分けをするには、確かなスキルはもちろん、相手の心理状態を読む力も必要になります。ボールを介して会話をしているようなものです。

トップアスリートを相手に長年こうした役割を務めてきたことで、大坂選手の心をつかみ、モチベーションを高める言葉がけができたのではないでしょうか。大坂選手はプレーに感情が表れるのが欠点と言われていましたが、快進撃を見せていた時期は感情をコントロールできていました。これもバインコーチのコーチングの効果でしょう。

しかし世界ランク1位になった直後、大坂選手はバインコーチとの契約を解除しました。通常、最高のパフォーマンスを出せているときにコーチを代えることはあり得ませんし、私も「なんてもったいないことをするのか」と思いました。実際、その後の大坂選手は良い頃の勢いを失っています。

ただ、とくに異性に対する指導ではこういうことはよくあるものです。強い信頼関係で結ばれていても、ちょっとした感情の行き違いで関係が崩れてしまうこともあります。2人の関係解消がどんなきっかけによるものかはわかりませんが、大坂選手にしても、コーチが代われば新しい気づきがあるだろうという期待感もあったのでしょう。もちろん今後、これまで以上に大坂選手を成長させてくれるコーチに出会えるかもしれません。競技の主役はアスリートであり、本人に判断をまかせるしかないのです。

2020年2月、NHKの「奇跡のレッスン」にサーシャ・バインコーチが登場しました。番組内でバインコーチは、大阪学院大学高等学校の女子テニス部を1週間つきっきりで指導しました。憧れのコーチの登場に泣き出してしまう選手たちを相手に、バインコーチは指導を始めます。まず、選手たちの練習を見つめ、それぞれからの話をよく聞き、やがて選手たちにさまざまな質問を投げかけます。「どうして今ダウンザラインに打ったの？」「この映像を見て直したほうがいいと思うのはどこ？」「今のトスはよかったと思う？」「練習でこんなに上手にできるのに、試合でできないことがあるのはなぜだと思う？」

具体的なアドバイスをたくさんくれると思っていた選手たちは、質問に戸惑い、迷いますが、少しずつ自分たちで考えるようになります。

バインコーチは「具体的なアドバイスをするより、質問することで自分で答えを見出してくれるようになることが理想だ」と話していました。

うまくできないことに悩む選手たちには「試合のスコアなんかただの数字だよ」「勝つか負けるかではない、勝つか、学ぶかだよ。今日は学ぶ日だったね」「相手がどこにいようが、自分の思ったところに打てばそれでいい」と声をかけるうち、生徒たちの表情は明るく変わっていきました。初日に、エースでありながら「いつも姉と比較されてつらかった。テニスが嫌いだ」と泣いた選手が、実に楽しそうにボールを追っていました。

印象に残ったのは、

「どんな人にとっても1秒は1秒、それをどう使うかを考え、努力を続ければ、人生で成し遂げようとするたいていのことはできるはずだ」という言葉でした。

バインコーチの言葉は、テニスだけではなく、人間としての成長を促そうとするものでした。

第7章

ビジネス現場でのコーチング

コーチングが能力開発に使われるようになった背景

今、世間で一般的に語られている「コーチング」は、ビジネスでの人材育成や能力開発、問題解決の手法を指しています。私(中野)は、そのスペシャリストして企業で行われる研修の講師や経営者、役員、管理職向けのエグゼクティブコーチングを行っていますが、コーチングの効果、つまり人の自主性を育て、意欲や潜在能力、創造性などを引き出すことはどの分野の人材にも通じるものですから、当然、アスリートの能力を引き出し、実力をアップさせる「応援する技術」として生かすことができます。

コーチングがビジネスでの人材育成、能力開発、問題解決の手法として企業が研修などに取り入れるようになったのは1990年代、アメリカでのことでした。日本に紹介されたのは1990年代後半から2000年代に入った頃と言われ、ビジネス界で注目され広まったのはこの20年間ほどです。

2000年代に入った頃、私は医薬品や日用品を扱う企業で人材育成の仕事に就いていました。当時の研修と言えば新入社員研修や係長研修、課長研修など、いわゆる階層別の研修で、管理・監督職向けのスキル研修などは行われていませんでした。

高度経済成長期以来、日本の企業で伝統的に行われてきた人材育成はOJT (on the job

training）とされるものです。つまり、上司や先輩が、部下や後輩に仕事をしながら必要なことを教えるという手法で、これは私がいた会社でも同じでした。

しかし時代の流れから流通業の販売環境が変化しました。それまでの薬局・薬店に加えてドラッグストアという新たな業態の店が増え始めたのです。ドラッグストアに商品を納める営業部員は、単に新商品を紹介するだけでなく、どのように売ればお客様の手に効率的に届くのかを「提案する」ことが必要になりました。しかし、これまで提案営業をしたことがない上司や先輩は、部下や後輩に提案営業のノウハウを教えることができません。どうしても、何か新しい人材育成方法が必要になったのです。

企業には、人材育成を専門とする会社から頻繁に新しい研修やスキルトレーニングの紹介、提案があります。私は当時、それらすべての話を聞いてみました。どんな新しい人材育成の手法が開発されているのか、海外ではどんな手法が活用されているのかを知りたかったからです。

とくに、上司や先輩による「ティーチング」以外に、部下や後輩を育成する手法がないか、と探していたところに出会ったのが「コーチング」という手法でした。やがていくつかの体験の機会を経て、係長研修の一部にコーチングを導入し、これがきっかけで、私は上司からコーチングを企業に導入するため本格的に学ぶように指示されました。

企業内で行われてきたＯＪＴは、管理職の部下育成にも反映されてきました。当時の管理職は、人材育成の手法も以前の上司から教えられています。つまり、ティーチングの方法をティーチングされてきているわけです。そこに、かつての方法とはまったく違う手法のコーチングを導入するわけですから、管理職にも戸惑いはあったと思います。

たとえば、報告・連絡・相談といった場面で、上司が部下に求めるのは「自分にとって必要な情報」で、部下の考え方や気持ちを聴くことはそれまでほとんどありませんでした。

しかし、コーチングの導入以降、半期に一度行われる目標管理や業績評価の面談で、部下は「上司が自分の話に耳を傾けてくれる」という経験をするようになりました。また「今期の結果は達成できなかったけれど、ここまでのあなたの行動やチャレンジは素晴らしいものだったと思うよ」といった言葉をかけられるようになったのです。これまで、上司と部下の面談といえば、上司が8割話していたのに対し、部下が8割話すようになったのです。

企業の人事部には、さまざまな社員からの要望、進言、苦情が舞い込みますが、「管理職への不満」「上司の言動に対する苦情」も少なくありませんでした。しかし、管理職へのコーチング研修を行ってから、人事部に届くこうした不満、苦情は激減しました。

私がコーチングと初めて出会ってから、20年以上になりますが、その間にも社会構造はさらに激変しました。上司が自分の経験だけを部下に教えこみ、指示し、部下は指示通りに動く、という働き方では、もはや新しい時代の波に対応できる人材は育たないことが明らかになってきています。

そこでやっと注目されるようになったのがコーチングなのです。

相手が話しやすい環境をつくる

コーチングの最も優れた部分は、「人間の欲求を満たすことから始まる」ということです。

人は相手に話を聴いてもらうことだけでも気分が良くなります。意外に思われる方もいるかもしれませんが、私たちは自分のことを話すことがけっこう好きです。自分の思いを言葉にして出すことは、自分の中に溜まっていたものを吐き出すことで、それだけでもすっきりしますが、それを相手に聴いてもらえる、自分の言葉が受け入れてもらえているということが二重の喜びになるわけです。またコーチが自分の言葉に反応して言葉を繰り返したり、さまざまな質問をすることで、コーチが自分に興味を持ってくれていることを感じ、質問に答えるとコーチがうなずき、共感してくれることにもうれしさを感じます。

会話を重ねるうちに、相手が自分のことを深く理解して認めてくれる、受け止めてくれるというプロセスで、欲求が満たされるのです。

しかし「気持ちの良い楽しい会話」だけで終わってはコーチングになりません。コーチングはクライアントの能力を引き出し、ビジネスに貢献する人材に育てるために行うもので、成果を引き出すものでなければなりません。

ここからはそのための方法論の一部を紹介します。

なお、コーチングはクライアントをポジティブな方向へ導くものです。気持ちが極端に落ち込んでいて、まったく前向きになれない精神状態の人は、コーチングの前にカウンセリングやセラピーを受け、まずは気持ちを立て直すことが先決だと思います。

相手の話を聴くための「正しい姿勢」とは

コーチングスキルでまず大切なことは「聴く」ということです。相手の話を聴く姿勢を具体的に示しておきましょう。次の7つは、ぜひ心がけてください。

①相手と視線を合わせる
②相手と対等な目線にする
③話の途中では、全神経を相手に傾ける
④ゆったりとした姿勢で、相手の話を受け取る

⑤相手の話に適度にうなずく
⑥相手の話を聞きながら、喜怒哀楽を表す
⑦自分の意見があったら、相手に断ってから話す

コーチングの傾聴の姿勢で大事なのは、相手と同じ目線でしっかりと話に耳を傾けること。そして話が終わるまで聴くことに徹することです。話を聴いている途中で、相手の考えがまとまらなくなって話が途切れることもあります。沈黙の時間が続くと気まずい空気が漂いますが、「気にしなくていいよ」「のんびり自分のペースで話して」という表情で相手の話を待ちましょう。途中で「それはこういうことじゃないの?」と相手の話を代弁しようとしてはいけません。

相手がリラックスして話せる環境をつくることが大事なのです。

●ハイ、イイエで答えられる質問よりも、相手の考えを語ってもらう質問をする

「ハイ」か「イイエ」で答えられる質問をクローズドクエスチョンと言います。「昨日は楽しかったですか?」「会社の目標は達成できましたか?」「最近飲みに行きましたか?」「勉強は好きですか?」。これらはクローズドクエスチョンです。

クローズドクエスチョンが常に悪いというわけではありません。あえて相手が「ハイ」と答

えられる質問を続ける手法は、クライアントとの間で同意を重ねていくことで、早く信頼関係を築くといった効果もあります。クローズドクエスチョンは、クライアントと答えやすい会話を続けながら、会話のペースをつくっていく質問といえます。

コーチングにおける質問の目的は、相手の考えを理解し共感し、相手の思考や感情の範囲を広げてあげることですから、クローズドクエスチョンではなく、相手の気持ちや考えを聞くオープンクエスチョンを多くするといいでしょう。「昨日はどんなことがあった？」「最近の調子はどう？」「新製品に関して、とくにデザインについてどう思ってる？」「さっきの会議での決定について、率直にどう感じたか聞かせて？」などのような質問を選ぶようにしてください。

●「Why＝なぜ」ではなく「What＝何が」で聞くようにする

「なぜ○○したんですか？」という聞き方をすると、相手の判断の是非を問うニュアンスになり、相手は責められているような印象を受けます。同じ内容の質問でも「What＝何が」を使うようにするとやわらかい聞き方になります。「○○をする原因になったのは何だと思いますか？」という感じです。

「なぜ」を決して使うなということではありません。たとえば相手がすごいアイデアで成功を収めたときに「なぜ、そんなアイデアを思いつくことができたんですか？」と驚いたように聞けば、相手も気分良く答えてくれるでしょう。要は相手を責める、追い詰めるような方向ではなく、フラットな方向に会話が進むよう心がければ良いということです。

日常生活でも、言葉の使い方によって、同じ意味でも問いかけの印象がまったく変わることはよくあります。上司が部下に「なぜ、売れなかったのか考えてみろ」を「販売の障害になったのは何だと思う?」に変えるだけで、険悪な空気にはならず、部下も要因に真剣に向き合うことができるはずです。

●「〜すべき」を使わない

上司としてはちょっとしたアドバイスでも「○○すべきだ」と「べき」を使いたがる人が少なくありません。「べき」という言葉は、相手を否定し、正しい意見を押し付ける印象が非常に強い言葉です。自分の行動に対して「べき」を使っているときも要注意で、何かの被害者になっていたり、言わされている可能性があります。

アドバイスするなら、やたらに「べき」を使うよりも「○○したほうがいいと思うんだが、どうかな?」のほうが人間関係を良好に保てるのではないでしょうか。

●「～してはダメ」などの否定的な言葉を使わない

コーチングでは否定的な問いかけもしないほうが良いとされます。わかりやすい例をあげると、幼児に対して親が注意しているときのことです。ヨチヨチ歩きの幼児がジュースの入ったコップを持って立ち上がろうとすれば、母親はつい「こぼしちゃダメよ！」と言ってしまいますが、子どもはその言葉に圧迫されて、こぼしてしまうことが多いものです。「こぼす」という言葉に意識が行ってしまうのです。ですから、「しっかり持ってね」と言ったほうがいいのです。人間というのはかけられた言葉によって、ポジティブにもネガティブにもなります。コーチングは相手をポジティブにする、肯定的に物事をとらえていく手法ですから、こうした言語感覚を磨くことも必要なのです。

考えが具体化され、明確になる質問の手法

相手の思考がポジティブになる質問を織り交ぜることも大切です。

「あなたは何をしているときが一番楽しいですか？」

「あなたが思い描く理想の生活を教えてください」

このような質問をすることで、相手の頭の中にはそのイメージが浮かびます。好きなことや理想を考えるのは楽しいことであり、思考がポジティブになるのです。

その答えに共感を示したうえで「楽しいときを続けていくにはどうしたらいいと思う？」「理想の生活を手に入れるには何が必要だと思っていますか？」など、質問を重ねていき、それが意欲を呼び起こすことにつながります。

コーチングではゴールセッティングも大事な要素となります。人生の目的や目標、ゴールを具体的に設定している人は少ないものです。多くの人は漠然としたイメージを持っているだけ。それを質問によって具体化させていきます。しかもポジティブなものとしてです。

時には「人生の意味」「存在する意味」にも踏み込みます。「自分は何のために生きているのか」ということを考えてもらうのです。普段は自分や家族のため、というところで考えが止まっています。それに必要な報酬を得るために働いているというわけです。しかし、人を突き動かす力は、実はそれだけではありません。生まれてきて存在するこの社会にいる意味は何か、ということを考えている部分があって、そこに踏み込むのです。

そのように問答を繰り返していくと、これまで意識下に埋もれていたことが浮かび上がってきます。会社は利益を追求している。自分はその一員として報酬を得ている。しかし、それだけが目的で働いているわけではないことに気づくのです。

社会にはニーズがあり、会社はそれに応えることで成り立っています。その会社で働いている自分は社会に貢献しているのだ、という意識を持てるようになります。

人は基本的に自分自身や家族を第一に考えて生きていますが「社会に役立ちたい」という思いは、必ずどこかにあります。コーチングによってそれが意識できると、仕事に対するモチベーションも上がっていくのです。

こうした意識の変化は他のプロセスでも起きます。クライアントはコーチと会話を重ね、自分自身と向き合っていきますが、仕事に対する思いだけでなく性格から特技、考え方や価値観、人生観まで、聴き手であるコーチに理解してもらえるようになっていきます。つまり存在を承認されるということです。人は承認されると「うれしい」と感じることはもちろん、自主的になります。自分を認めてくれる上司のため、所属する会社やともに仕事をする人たちのために自分ができることは何かを考え、行動を起こします。

そのポジティブな意識は担当する仕事をプラスに導く発想やアイデアを生むことにつながり、潜在能力が引き出される可能性が高くなるのです。

気づきを促すための質問の手法

クライアントの思考を質問にフォーカスさせ、答えやすくする言葉の選び方も必要です。

上司が部下に「初心に返れ」と言うことがよくありますが、こういう言葉を発するのはたいてい、部下の仕事に対する姿勢に緩みを感じるときで、新人の頃の一生懸命だった自分やわき目も振らずに仕事に集中していた自分を思い出せという意味で言っているはずです。しかし、こう言われてすぐに初心に返る人はほとんどいないでしょう。「真面目にやれってことだな」と思って終わりです。

そんなときは「○○さんはこの会社に望んで入社されたんですよね。新入社員の頃は、どんな仕事をしたいと思っていたんですか?」といった聞き方をします。この質問によってクライアントの頭には入社当時の風景や自分の姿が浮かぶはずです。

そしてその頃の思いを答える。コーチは、その答えに対し「希望した仕事をさせてもらうまでは大変だったでしょう?」と聞いてみます。この言葉によって希望したセクションに配属されるために努力した自分、上司の指導や先輩のアドバイスを真剣に聞いていた自分が頭によみがえります。初心に返っていくのです。

「初心に返れ」というのは、人を指導する立場としてつい使いたくなるフレーズですが、ほとんど効果はありません。しかし問いかけの仕方を少し変えるだけで、相手の意識を変えることができるのです。

過去の振り返りは、クライアントの気づきを促すことでもあります。年齢を重ねた人は、若く純粋だった頃の自分を主観的に振り返ることを通して客観的にジャッジできます。若さゆえの失敗や成功から学んだことがたくさんあることにあらためて気づくことが、仕事への新たな取り組み方やフレッシュな発想が浮かぶことにもつながります。それがまさに初心に返るということです。

また、過去の振り返りは自分の弱点を受け止め、克服するきっかけにもなります。少年時代のトラウマが今の自分の性格や行動に影を落としていることもあります。たとえば周囲の目を気にして思い切った決断ができない人がいるとします。質問を重ね、過去をさかのぼっていくと、親から必要以上に厳しくされ、それがトラウマとなり、「良い子でいよう」と思っていたことがわかってきます。常に親の目や評価を気にしていて、大人になってからもその傾向が残ることは多いものです。コーチングでは質問によってそれを探り、形成された心理に共感し、会話を重ねてその呪縛を解くアプローチをします。これはセラピーに近いものですが、そうした心理面のケアも含めて、感情とそれに結びついた身体的な感覚を切り離すことを通して、人をポジティブな、肯定的な方向に持っていこうとするのです。

コーチングによる気づきのメカニズム

クライアントの中に潜在している能力や特性は本人が「気づく」ことによって掘り起こされ、ビジネスや人間関係に活かされるようになります。

そのメカニズムはこうです。

コーチングでクライアントに投げかける質問は多岐にわたります。ビジネスのことだけでなく、相手の価値観や人生観に踏み込むこともありますが、中にはその人が、それまで考えてみたこともなかったテーマの質問もあるわけです。当然、相手は戸惑い、自分の中でゼロから考えをまとめます。沈黙の時間ができますが、コーチは、考えがまとまり言葉になるのを待ちます。その時の相手は考えながら答え、あるいは答えながら考えるという形で思考と言葉をつなぐことになります。そして、その過程では本人が思ってもみなかった答えが出てくることがあるのです。

クライアントはコーチに向かって話しているわけですが、同時に自分の話す声を自分でも聞いています。それによって、話している人は自分の考えを客観的に受け取り、「エッ、オレ、こんなこと考えていたんだ」と驚くことがあります。話しているうちに新たな自分、というかそれまで気づいていなかった自分を発見するのです。その答えがポジティブなものであれば、コーチはそれをさらに掘り下げていきます。そうした会話を繰り返していくことが大切です。思いがけず前向きな自分、柔軟な発想ができる自分、論理的な考え方ができる自分を発見することもできるのです。また、固定観念から解放されれば思い切った決断ができる自分が、自分の中にいることにも気づくこともあり、仕事に役立つアイデアが浮かぶこともあるでしょう。コーチングによる会話が刺激となり、隠された能力や頑張れる気持ちが表れてくるのです。

ただし人間は忘れやすいものです。コーチングを受けているときは新たな自分に気づいても、終わったとたんにいつもの自分に戻ってしまうこともよくあります。それを防ぐため、良い気づきがあったと感じたとき、私はクライアントにそれを3回、言葉として語ってもらうようにしています。3回繰り返すと、気づきは頭に入り、定着するものだからです。さらに念には念を入れて、キーワードをホワイトボードに書き、スマホで写真に撮ってもらうようにもしています。元の自分に戻りそうになったら、そのキーワードを見て、コーチングで発見した自分を思い出してもらうのです。

また、コーチングを思い出すだけでなく、気づきは自分が自分に問いかけることで得られることを知り、セルフコーチングができるまでになってほしいと思っています。

第8章

「褒める」「叱る」より
フィードバックで人を支える方法

信頼関係がなければ何を言っても伝わらない

誰かを支えたい、応援したい、さらに相手の目的や目標をできるだけ達成させてあげたいというときに、コーチングの知識、技術はとても大きな助けになります。

共著者の森本さんは、オリックス・ブルーウェーブのトレーナーになったとき、いわゆるコーチングと言われるようなスキルはまったくない状態でした。そのとき彼が痛感したのは、ご自身でも述べている通り、選手とのコミュニケーションをとることと、その難しさだったそうです。トレーナーとしての知識、技術はひと通り学んでいても、体のケアやトレーニングプログラムの立案、指導の前提になるのは、アスレティックトレーナーとしてのスキル以前に、いかに短い時間で、深く、選手たちとコミュニケーションがとれるようになるか、ということでした。

森本さんは、さまざまな努力、そして経験でこの課題を乗り越え、イチローさんはじめ多くの選手たちから信頼を寄せられるようになったわけですが、その森本さん自身が「もっと早くに、コーチングなどのコミュニケーションに関わるスキルを身につけていたら、もっと短時間で、深く、かつ効率よく彼らを支えることができたはずだ」と言っています。

これは、プロのアスリートとプロのトレーナーの関係だけに言えることではありません。

中高生の部活での先生と生徒、大学の部活の監督と学生はもちろん、ビジネスの世界でも、教育の世界でも、家庭でも実は同じことなのです。

誰かを支えよう、より良い方向に進むための手助けをしよう、というときにまず必要なことはお互いの「信頼関係」と「コミュニケーション」です。

これがあれば、たとえば支える側に、選手以上のスポーツのスキルがなくても、問題はありません。スキルに関することは別の方法でも、専門のコーチからも学べるからです。逆にスポーツのスキルを十分に持ったコーチであっても、アスリートとの間に信頼関係がなく、良いコミュニケーションがとれない状態であれば、そのスキルはけっしてアスリートに正しく伝わらないでしょうし、結果にも結びつきにくくなるでしょう。

たとえば、サッカー選手を目指す小学生を家族が支えようとする場合、サッカーの技術についてだけなら、親が教えることはすぐになくなってしまうはずです。それでも、親として選手を目指す子どもを支えることはできます。サッカーのコーチ以上に、強い信頼関係がもともとあり、コミュニケーションが密接だからです。もちろん、時には密接すぎるがゆえに、親ゆえに感情的になったりして、関係がうまくいかなくなるケースや時期もありますが、必ずしも「直接的な技術」を教えることができなくても、信頼関係が築けていれば、それが相手の大きな支えになるのだということです。

スポーツに限らず子どもの受験をサポートする場合もまったく同じです。高校、大学はもちろん、難関中学の入試問題ともなれば、もう普通の親が「子どもに勉強を教える」などということは不可能です。むしろ、スケジュール管理や、栄養面、精神面のサポートのほうがはるかに重要です。しかしそれができるのも、両者に深い信頼関係があることを前提としています。子どもはもともと親に褒められたい、認めてもらいたいという強い「承認欲求」から勉強、スポーツに打ち込みます。最初は親に認められることが「目的」なのです。

コーチングに「褒める」「叱る」はない

よく「どうやって褒めればいいでしょうか」「どんなとき厳しく叱ればいいでしょうか」「あまり叱らないほうがいいのでしょうか」といったことを質問されます。

スポーツ以外の現場、つまり家庭や、会社組織などに属する人からもよく聞かれるのですが、コーチという立場の人間は「褒める」「叱る」ということはしません。

「褒める」とか「叱る」というのは、ほとんどの場合「上下関係」に近い人間関係の場合です。親が幼い子どもに、してはいけないこと、危険なことを教えて、できない場合に「叱る」ことはもちろんあるでしょう。また、子どもは親への承認欲求が満たされることが大事ですから、大いに「褒める」こともまた大切です。

しかしこうした場合以外、自立した「大人同士」である監督・コーチとアスリートや学生、会社においては上司と部下、先輩と後輩、という関係で「褒める」「叱る」は、上下関係を前提として行われることが非常に多くなります。

しかし、本来、これらの関係というのは「役割分担」のひとつではあるもの、「上下関係」ではありません。立場が上の人が偉いとか、下の人はそれだけで言いたいことも言えない、という関係ではないはずです。

「褒める」というのは、ほとんどの場合「上の人」が、「下の人」の言動に対して「お褒めの言葉を与える」という「ご褒美」に近く、立場が下の人が、上の人を「褒める」となると、これはもう「お世辞」「ヨイショ」「ごますり」のケースがほとんどです。

「叱る」も、上の人が、立場が下の人が失敗したときに、「叱責する」という一種の「罰」の意味合いが強くなってしまいます。

当然、成功は称賛されていいもので、失敗に対しては繰り返さないためのアドバイスや指摘は必要ですが、支えよう、サポートしようと思っている立場の人が、あまり「褒める」「叱る」という言葉にとらわれないでください。

コーチングというのは「誰かが目的や目標を達成しようとすることを応援する技術」です。

コーチングにおいて重要視されるのは、「褒める」「叱る」ではなく、「フィードバック」です。

「褒める」「叱る」に近い内容になることはありますが、けっして「ご褒美として褒める」とか「罰としての叱責」ではありません。

フィードバックというのは、「今、君はこう見えているよ」「あなたがやったことは、こういう意味があると思うよ」「私にはこう感じ取れるよ」という、できる限り客観的な言葉をかけることです。

それが、広い意味で褒めることにもつながり、励ますこと、気づきを促すことにもつながっていきます。

具体的なフィードバックのノウハウ

カウンセリングやコーチングは、一般的には①ラポール（信頼関係をつくる）、②傾聴、③承認、④質問という手順で進みます。信頼関係を築いたうえで、まず相手の話をとにかくよく聴き、そしてそれを受け入れ、そのうえで質問をします。

質問の次に、あるいは同時に行われるのが、フィードバックです。

たとえば上司は部下に対してこんなフィードバックができます。

「この前の企画内容は、プロジェクトチームの一体感も伝わってくるようだったね」

「この前と似たミスがあったけれど、何が原因だと考えている？」

「さっきのプレゼン、練習のときよりも力んでいたように見えたけど、話し終わって、どう感じている？」

「○○さんへの指導の場面を見ていたけど、とても率直にお互いが関わっているように見えたよ。どんなことを大切にしていたの？」

「この間相談してくれた新しい施策を部長に報告してくれたね。いつもよりなんだか声にハリがないように聞こえたよ。何かあった？」

「さっき説明を受けたときの印象だけど、まだ、自分の言葉で話していないように思えた。自分としては、どう思っているの？」

「良い笑顔だね。颯爽とフロアを歩いている印象だよ！　何か良いことあったの？」

「そろそろ大型の商談が成立しそうな雰囲気に見えるね。自分としての手ごたえはどう？」

　また、部下が上司を「褒める」ことはないと書きましたが、フィードバックという形なら可能です。たとえば、

「先日の○○さん（上司）の指摘で、改善点を3つほど考えることができました」

こんな言葉も、フィードバックのひとつです。上司は「自分の言葉をそういうふうにとらえてくれたのか」ということがはっきり「見える、聞こえる、感じる」ことで「それなら、こうした指摘をもっと積極的にしてみよう」と考えることができるはずです。

部下のフィードバックが、上司の自発的な次の行動を促し、おそらくそれは今後部下にとっても、企業にとっても、良い方向に進むきっかけのひとつになるはずです。

スポーツの指導者と選手の関係なら、練習の方法、あるいは試合の結果などについてのフィードバックができます。

「今日の練習はとても集中しているようだったよ」
「練習中、後輩や先輩にいろいろな刺激を与えていたね」
「楽しそうに走っていたね」
「練習の成果が十分に出ていたね」

「昨日は試合中に、いつもより楽しそうに見えなかったな」
「腰に手を当てたり、首を振るしぐさが多かったね。悩んでいるように見えたよ」

「今日の試合は、いつもよりもまわりの選手への声かけが少なかったように思った」
「メンバーがミスしたとき、とてもがっかりした表情をしていたね」

ここでのポイントは、結果が良かったから「よくやった、偉い！」と褒めて相手の気分を良くすることではなく、また「どうして練習通りにできないんだよ！」と叱ってコーチが考える「正しい方法」を押しつけるためのものではないということです。

あくまで、「君の行動はこう見える」ということを、伝えることが目的です。人間は自分のことは、わかっているようであまりわかっていないことが多く、他者に「こう見えるよ」と言われて初めて気づくことが非常に多いものだからです。

人生経験をいくら積んでいても、あるいは積めば積むほど、人間の言動というのはこれまでの蓄積、習慣によるパターンに縛られ、それが本人にとって「自然なこと」「心地良いもの」になっています。ところが、それは案外他者から客観的に見ると「ヘンなこと」「不自然なこと」「周囲との不和などを生んでいる」「本人がそれによって苦しんでいる」「結果につながることを妨げている」「損をしている」という場合も少なくありません。

だから、「こう見えていますよ」という、情報を与えることによって、言動の改善につながっていくのを応援するのです。これは「悪いところを指摘する」という意味ではありません。

むしろ客観的な情報を得ることによって、自分が知らず知らずのうちに習慣になってしまっていたあまり良くない言動に気づき、それが人生において何らかのマイナスになっているようなら、取っ払ってしまおう、ということです。まず「自分を客観的に知る」ことの手助けをする重要なツールがフィードバックと言っていいでしょう。

もちろん「無意識にやっている良いこと」を指摘することによって、「そういう理由でうまくいっているのか」と気づくこともできます。それは、さらに良い結果につながることになり、将来的に思うような結果が出なかったときに、リカバリー方法を考える手がかりにもなります。

人間は「自分がどう見えるのか」がわかって、初めて次のステップに進む、対策を考える、ということができます。フィードバックとはそのための「言葉」です。

フィードバックとともに、質問を続けることもあります。

「すごく良い試合だったね。何が一番良かったと思う?」
「今日の練習は集中力が途切れがちだったようだけど、原因は何だった?」
「一歩目の踏み出しが遅いというか、間があるように見えるけど、何か違和感がある?」
「演奏中、何かスッキリしない表情をしているけど、何を思って演奏しているの?」
「君だけボールの行方を予測して走っているように見えるよ。何に注目してるの?」

「こうしなさい」より「こう見える」を伝える

コーチが声をかける目的は「自分の思い通りにさせること」ではなく、相手が「自分自身で何かに気づく」ことの手助けです。

だからこそ「なぜちゃんとやらないのか」「どうして練習通りにできないんだ」と詰問するのではなく、「何が必要なのか」「何が足りなかったのか」「さらに何をすべきなのか」と問いかけるのがいいと思います。

「何」を使った問いかけによって、相手は立ち止まり、自ら考えて答えを自分の中で探そうとしやすくなります。

自分自身が他人からどう見えているのか、を理解することから「なるほど、そう見えているのか。それならこうしたほうがいいのかもしれない」と、自分から動くようになり、それがスポーツでも、ビジネスでも、変化と改善につながっていきます。

「こうすべき」「こうしたほうがいい」ではなく、「こんなふうに見える」という、指摘、言葉かけは、いろいろなシーンで重要で、応用範囲が非常に広い手法です。

「どうやって褒めよう」「どうやって叱ろう」と親や先生、コーチが悩んでいるときというのは、結局「言うことを聞かない相手を自分の思い通りにさせるためにはどうしたらいいだろう」という悩みと同じです。

コーチの目的は、「クライアントを思い通りに従わせること」ではありません。あくまでも、相手が自らの意思でより良い方向を目指す支援をすること、と考えてください。

スポーツの指導者、先輩はもちろん、親、会社の上司、経営者など、どんな立場であっても、フィードバックという手法と意味を意識して、時々でも取り入れるようにすると、コミュニケーションはより良いものになっていくと思います。

そして最近では、フィードバックという考え方がビジネスの現場で人材育成のスキルとして、とくにマネジメント層に注目されているようです。

マネジメント層というのは、どうしても「報告、連絡、相談を受ける」「指示を出す」という、一方通行のコミュニケーションの繰り返しになりがちです。そこにフィードバックという考え方を取り入れることによって、相手との双方向のやり取りが加わり、企業内のコミュニケーション、モチベーションにも良い影響が出て、結果として仕事の効率も上がります。

コーチングのスキルの重要性は、スポーツ、ビジネスの現場だけではなく、医療や介護の分野で働く人たちにも広がりつつあります。

病院でリハビリテーションを担当する理学療法士、施設で働く介護士、病院の看護師たちの中にも、患者さんや入所者との双方向のコミュニケーションをより良いものにするためのスキルとして、コーチングを学ぶ人が増えてきています。

教育現場こそ「フィードバック」をもっと増やすべき

さらに私たちは教育の現場にも、もっとフィードバックという概念、さらにコーチングの手法が取り入れられるべきだと考えています。

学校の先生という仕事は、コーチングに近いように見えて、実は非常に遠いところにあると考えています。教師の仕事は基本的に1対大人数で「教える」というものです。とくに日本の教育現場ではその傾向が強く、先生から生徒への「教え」はほとんどが一方通行です。これは前述したティーチングで、コーチングとは違います。

教師が生徒に質問することは「正解」を答えさせるものが多く、授業以外の質問となると、「なぜケンカをしたのか」「なぜサボったのか」「なぜ遅刻したのか」「どうして宿題をしなかったのか」「なぜやる気がないのか」――と「なぜ」が多くなり、これは質問というより、「白状を促す詰問」です。

同じことを話すにしても、フィードバックという考え方を知っていれば

「なかなか時間通りに来るのが難しいみたいだね。何が原因だと思う?」
「授業中によく集中力が切れちゃうようだね。そのままだと、君の思うような結果が出ないんじゃないかな。何が足りないと思う?」
「部活に励んでいるときと授業中では別人になっているよ。何が影響していると思う?」
「数学っていうのは、基本となる公式があるんだよ。君は自分で、どんな公式を理解していないと思う?」

少しずつ、こうした言葉をかけて、コミュニケーションを図っていくことのほうが、本人が何かに「気づく」きっかけになるのではないでしょうか。

フィードバックと同時に、先生たちが授業中にも、それ以外の時間にも、人の意見や学んだ事実に対して「君はどう思う?」「それは何が原因だと思う?」ともっともっと問いかけ、詰問ではない質問をしてほしいと思っています。そうした問いかけ、質問をすることで、クラスの中から、生徒たちの中から「集団としての知恵」が生み出されていくはずです。

スポーツでも「教える」ことだけに一生懸命になり、監督やコーチが「ティーチャー」になりきってしまうと、教えすぎることによって、選手のパフォーマンスを引き出せなくなります。何より選手にとって価値があるのは「教えられたこと」よりも「自分自身で気づいたこと」「自分自身で決めたこと」の学びだからです。

教育現場の先生たち自身が「教える」だけではなく、生徒を本当の意味で「支える技術」「応援する技術」に興味を持ち、少しでも取り入れてくれれば、と思っています。

親子のコミュニケーションも「フィードバック」の意識で

親が子に接するときも同じことがいえます。

とはいっても、どうしても親は身近ゆえに、感情的になってしまうことが多く、客観的に「1日に10時間ゲームをするのはやりすぎに見えるわよ」などと言っていられないことも多いでしょう。それでも、たとえば普段口やかましく言いがちな母親ではなく、あえて父親が、さりげなく声をかけるようにするほうが効果的な場合もあります。

「自分からやりたいと言って始めたサッカーの練習をサボってばかりいる」などということは、よくあることですが、母親が「なんで行かないの」「自分でやりたいと言ったんでしょ」「レギュラーになりたいんじゃなかったの」「やり始めたことは最後までちゃんとやりなさい」と、あれこれ言うよりも、普段はあまり子どもと話す機会がない父親が

「今の練習のやり方だと、次の試合でアピールできないんじゃないかな」

「レギュラーになるために、どんなことをすればいいと思う?」

「試合に出たときは、どんな気持ちだった？　じゃあ、今日の練習はどうする？」といったことを、問いかけてみるほうが「本人が考えるきっかけ」になるでしょう。

また祖父母や、普段はあまり会わない親戚のおじさんあたりに、ちょっと話してもらう、ということもできるでしょう。

親にガミガミ言われるより、おじさんにさらっと言われた一言のほうが、素直に聞けるということはよくあります。

これは親子に限らず、企業でも同じことで、直属の上司が部下の「コーチ」という立場になって、あれこれフィードバックを行う、というのはそうそう簡単ではありません。上司と部下の関係も、親と子の関係同様、特別な感情が湧いて、冷静ではいられなくなることも多いからです。むしろ、最初は私たちのような外部の人間が入って行うほうが、うまくいくことも多いものです。

第9章

タイプ別のコーチングアプローチ

相手によって手法を使い分けるのが有効

親と子ども、先生と生徒、コーチと選手などさまざまな関係があります。そして、親も子どもも、先生も生徒も、コーチも選手も、その性格や考え方、行動傾向などは千差万別です。「どんな場合でもこうすればいい」という絶対的な方法はありません。

だからこそ必要なのが、どういう立場であってもまず自分自身のタイプを自覚し、そして支えようとする相手の性格、傾向、といったものをよく観察し、それに合わせて話をする、対応する、ということです。

要するに「元気づけよう」と思っていても、「とにかく頑張れ!! 君にはできる！」と大声で叫んだほうがいいタイプもいれば、静かに「だいじょうぶだよ」と声をかけたほうがいいタイプもいるということです。

人間の「タイプ分け」には、さまざまなものがあります。たとえば、根拠は定かではありませんが血液型や星座による性格診断もそのひとつと言っていいでしょう。自分の性格など自分が一番わかっていると思っていても、つい「○○型の人はこういう傾向があります」と言われると「なるほどなあ、そういう面も確かにある」などと妙に納得してしまったりすることがあるものです。

人間はやはりどこかで「自分」を客観的に評価してほしい、自分で気づかない一面があるのではないか、と考えているからこそ、「タイプ分け」に惹かれるのかもしれません。

コーチとしてクライアントと関わるとき、私たちも、こうした「タイプ分け」のようなものを利用することがあります。

もちろん、千差万別の人間をきっちりいくつかの「タイプ」に分けることなどはできませんが、こういう傾向の人には、こういう話し方をしたほうが伝わりやすい、という知識をある程度持っていたほうがコミュニケーションは円滑になり、結果も出やすくなると考えられます。

一般的な「タイプ分け」とは

昔からよくある「タイプ分け」といえば、「信長型」「秀吉型」「家康型」かもしれません。それぞれ、鳴かぬなら殺してしまえホトトギス、鳴かぬなら鳴かしてみせようホトトギス、鳴かぬなら鳴くまで待とうホトトギス、という例のアレです。

天下統一という目的のためなら不要なものは切り捨てる信長、チャンスを活かし人を巻き込む創意工夫で目的に向かった秀吉、辛抱強く冷静で分析力に長け太平の世の礎を築いた家康。このタイプ分けはしばしば経営者のタイプに当てはめられ、「あなたはこのタイプだからこういう経営手法が向く」、また「このタイプの上司にはこう対応するといい」といったアドバイスがなされます。

もっと単純なものでは「リーダー型」「参謀型」といったタイプ分けもよく使われます。

コーチングの世界で一般的なのは、人間の行動傾向を「コントローラー」「プロモーター」「サポーター」「アナライザー」に分けて、それぞれに対応するというものです。

【コントローラー型】

○概要

判断する立場に立ちたい、全体をコントロールしたいというタイプ。相手に自分がコントロールされそうになると反発する。場を支配し、思う通りに動かそうとして、指示・命令を出すことを得意とするタイプ。

○特徴

反応速度が速く、単刀直入に結論から話すので話が短い

断言的な口調で話す

頼れそうなイメージを持たれることが多い

腕を組む、足を組むなどの姿勢をとることが多い
仕事、課題、目標に関する話題が多い
要点を話そうとする傾向が強い

○このタイプへの対応

まず結論から話し、「教えてほしい」と話しかける
提案は複数行い、最終的には相手に決めさせる
一度役割をまかせたらそのあとは口を出さないほうが力を発揮しやすい

【プロモーター型】

○概要

他者に影響を与えたいタイプ。人の反応を非常に気にするので、こまめな承認を求める傾向が強く、アイデアを否定されるとガッカリして落ち込む。新しいこと、楽しいことにモチベートされ、アイデアをつぎつぎに出してくるタイプ。

○特徴

反応速度はコントローラーについで速い

話があちこちに飛び、展開も早いが話は長い
口調は抑揚がある
楽しそうに話す
身振り手振りが多くラフな感じ
人間関係についての話題が多い
人に影響を与えようとするスタンスをとる

○このタイプへの対応

やりとりの中であいづちを多くする
答えの幅が広くなるような質問を増やし、たくさん話させる
細かいことでも多くを認め、承認する
アイデアをよく聞く
活動の自由度を高くすると力を発揮しやすい

【サポーター型】

○概要

常に期待に応えようとし、対立を避けようとするタイプ。「良い人」になりがちで「NO」がなかなか言えない。「合意」があることが、行動の源泉になる。とにかく自分が目立つよりも、人の背後からその人の成功のために何かをしたい、と考える傾向が強いタイプ。

◯特徴

反応速度はややゆっくり
話し方も比較的遅い
話は前置きが多く、全部話そうとするため長い
穏やかで温かくやさしそうな印象を与える
会話中に、うなずき、あいづちを打つことが多い
話題は人間関係が多い
期待に応えるために話すことが多い

◯このタイプへの対応

言葉より表情に注目する
穏やかに、温かく対応する
言動をねぎらう
「ながら」で聞かず、手を休め落ち着いて話を聞く

断りにくいタイプなので本当に「YES」なのかよく見極めてリクエストすると力を発揮しやすい

【アナライザー型】

○概要

自分が正しいと実感したときに力を出すタイプ。情報収集、分析力に長けるが、それができないと、失敗、間違いを恐れ行動しない。漠然とした指示を嫌う。「うまくいく根拠・証拠」がロジカルに出せないと動かない。ロジック、数字、戦略、手順を非常に大切にするタイプ。

○特徴

反応速度は遅く、話し方もゆっくり

順にロジカルに話すため、話は4タイプの中で最も長い

口調は比較的単調で、冷静

真面目そうな表情が多い

姿勢は固く、直立不動の印象

仕事、課題、目標についての話題が多い

常に正確に話そうとする

○このタイプへの対応

答えやすい質問、答えがひとつの質問をする

相手の専門性を理解してそれを明確に認める

返事をせかさない

仕事をまかせるときは、目的、意味、ステップ、リスクを明示すると力を発揮しやすい

野村さんはアナライザー、長嶋さんはプロモーター

野球の監督で考えると、日本の場合はコントローラー型が非常に多いと考えられます。強いリーダーシップを発揮して、チームを叱咤激励して引っ張ろうとするタイプの監督です。

プロ野球に限らず日本のスポーツの世界では、このタイプの監督が歴史的に多く、地元の少年野球チームも、中学・高校の部活動のチームも、こうした監督が求められがちです。

ただ、先日亡くなった野村克也さんは明らかにアナライザー型です。野村監督といえば「ID野球」ですが、これは「Important Data」の略。天性の勘や根性頼みではなく、データを収集し、それをもとに頭を使えば、戦力的に弱いチームでも必ず勝てる、というのが彼の基本で

した。野村さんはミーティングを繰り返し、口を酸っぱくして「頭を使え」「野球は頭でするものだ」と選手たちに言い続けたといいます。

イチローさんの力を早くに見出した故・仰木彬さんはプロモーター型と言えるでしょう。また、故・星野仙一さんは一見コントローラー型ですが、情に厚く選手をねぎらおうとするサポーター型の要素も強く持っていたのではないでしょうか。

長嶋茂雄さんはおそらくプロモーター型で、王貞治さんはアナライザー型とサポーター型のミックスタイプ。王さんは、現役時代には日本刀で半紙を切るようなトレーニングをしていたそうですが、角度やスピードなどを厳密に考えながら練習を続けた部分はアナライザー型の典型で、コーチだった故・荒川博さんのために、と結果を出そうとした姿勢はサポーター型です。

サポーター型の競技者というのは、「監督のために」とひたすら頑張る、耐える、という傾向が強くなります。一方どんなにチームの監督に引き止められても「なにがなんでも大リーグに挑戦する！」と突っ走るタイプはコントローラー型かプロモーター型。常に姿勢、視線が「外」に向いていて、球場全体を支配したい、試合をショーアップしたいチャレンジャーということです。新庄剛さんはプロモーター型でしょう。

フィギュアスケートの羽生結弦選手は、ちょっとこうしたタイプ分けが難しいように思います。アナライザー的なところもありますが、4回転半ジャンプに挑戦しようとする部分などを見ると、コントローラー型でもあり、プロモーター型の要素も強いのではないでしょうか。テニスの松岡修造さんは、4つの要素をバランス良く持っていて、状況や立場に応じて、いずれかを強く表に出しているように見えます。

人間を単純に4タイプに分類するのは不可能ですが、時々「自分はどんなタイプだろう」「この相手にはどういう傾向があるのだろう」と自分を客観的に見ることを意識する、相手をよく観察してみることも大切だと思います。「このタイプ」とわからなくても、自分を見つめ直すのと同時に相手をよく観察し、話を聞き、表情を見る、ということはどんな場合であっても、良いコミュニケーションをとるために非常に役立ちます。

自分のタイプを知ろう

こうした一般的なタイプ分けを少し知っていただいたところで、私たちがSCMAのセッションで行っているものをご紹介しようと思います。

こちらは、基本的にはアスリートを支援する立場のトレーナー、コーチのために開発された手法の一部ですが、実際に取り入れている人はスポーツやトレーニング指導者のみならず、医療・介護現場の人に広がり、さらにビジネスに活かしているケースも増えてきています。

ＳＣＭＡの場合は、先ほどご紹介したものとは違い、基本的なタイプを「視覚型」（Ｖ＝visual）、「聴覚型」（Ａ＝auditory）、「身体感覚型」（Ｋ＝kinesthetic）、「内的対話型」（ＡＤ＝Anticipation Dialogue）としてとらえます。

支援する側の人間は、選手や子どもたちを観察し、どのタイプに近いかを見極めてから接すると、さまざまな指導や支援がスムーズに進むようになります。

たとえばテニスの大坂なおみ選手のコーチを務めたサーシャ・バイン氏は、明らかに「身体感覚優位タイプ」の大坂選手に対するとき、話し方の速度やトーンを抑えていることが見てとれます。サーシャ・バイン氏自身は違うタイプかもしれませんが、彼女のペースを見極めながら、非常に巧みに合わせていることがよくわかります。

まず大切なことは相手との信頼関係を築くことなのですが、いきなり相手のタイプにかまわずあれこれ自分のペースで質問をしまくっても、良い信頼関係は築けません。質問の仕方ひとつで、相手は警戒心や不信感を抱き、良い関係がつくれなくなってしまいます。

すべては、相手をよく見ること、きちんと観察するところから始まります。相手を見ることに「終わり」はありません。最初はもちろん、関わる間ずっと続けるべきことです。「もうわかった」ということはないのです。人間の感覚は日々変化します。楽観的な人でも悲観的になったり、いつも機嫌の良い人が急に気難しくなることもあります。それは必ずしも試合結果や、体調だけによるものではありません。もしかしたら、プライベートで悩みがあるのかもしれないし、天気が悪くて気分が沈んでいるだけかもしれない。

こうした変化を見逃さないことも、非常に大切なのです。声の大きさ、トーン、スピード、表情、しぐさ、姿勢、動作の大きさや速さなどに、変化は必ず表れます。

視覚・聴覚・身体感覚のどれが優位か?

コーチは、相手が「視覚型」「聴覚型」「身体感覚型」「内的対話型」のいずれが優位か、ということを、実際のやりとりの中で見極めていくことになります。人間の五感には視覚、聴覚、触覚、嗅覚と味覚が含まれますが、この方法において「触覚、嗅覚、味覚」は「身体感覚」に含まれるものとしています。

まず、コーチの立場になる人自身が、自分はどの感覚が優位なのかを確認してみてください。

簡易的なものですが、私たちが作成したチェックリストがありますので、まずこれをご自身でやってみましょう。

【自分自身のタイプを知ろう】

表象システム優先度テスト

ステップ 1

Q1～5の質問を読み、以下に従って、4から1のいずれかの数字を、□に書き込んでください。

最も当てはまる …………4
当てはまる ………………3
やや当てはまる …………2
少し当てはまる …………1

※数字が重複しないようにしてください。
「①と③がともに3」などの回答はNGです。

Q 1　大切な決定をする場合、基準にすることは?

① 私はそのときに受ける感じや雰囲気を基準にします □

② 私はどれが一番良い響きに聞こえるかを基準にします □

③ 私はどれが最も良いビジョンを描けるかを基準にします □

④ 私は正確に調べてテーマを吟味することを基準にします □

Q 2　議論をしているとき、最も影響を受けやすいことは?

① 私は他の人の声の大きさや調子に影響を受けます □

② 私は他の人の話の概要がはっきり見えるかどうかに影響を受けます □

③ 私は他の人の話の筋道や論理に影響を受けます □

④ 私は他の人の気持ちや内容に共感できるかどうかに影響を受けます □

Q 3　自分の心の状態に気づくきっかけになるのは?

① 私は自分がどんな服を着ているか、
見栄えはどうかがきっかけになります □

② 私は自分がどんな雰囲気や気分になっているかがきっかけになります □

③ 私は自分が話の中で意識する言葉づかいや内容がきっかけになります □

④ 私は自分が話すときの声の調子にがきっかけになります □

Q 4　自分にとって最も簡単にできそうなことは?

① 私にとってはステレオなどで好みの音質を見つけたり、
テレビの音量を気にして調節することです □

② 私にとっては興味のあることがらに関連した知識や情報を集めることです □

③ 私にとっては一番快適で座り心地のいいソファを見つけることです □

④ 私にとっては美しく魅力的な配色を選び出すことです □

Q 5　あなたが気になることや関心があることは?

① 私は自分のいる場所の音や、周囲のざわめきが気になります □

② 私は新しい情報やデータを持っているかどうかに関心があります □

③ 私は自分に触れる椅子や布団の肌触りが気になります □

④ 私は自分の部屋の片付き具合や、配置に関心があります □

ステップ 2

前ページの□に書きこんだ数字をすべて以下の□に書き写してください。

※数字は、右側のアルファベットの要素をどれだけ強く持っているかを示します

V=Visual ………………………… 視覚
A=Auditory ……………………… 聴覚
K=Kinesthetic …………………… 身体感覚
AD=Auditory Digital ………… 内的対話

Q 1

① □ → K
② □ → A
③ □ → V
④ □ → AD

Q 2

① □ → A
② □ → V
③ □ → AD
④ □ → K

Q 3

① □ → V
② □ → K
③ □ → AD
④ □ → A

Q 4

① □ → A
② □ → AD
③ □ → K
④ □ → V

Q 5

① □ → A
② □ → AD
③ □ → K
④ □ → V

ステップ 3

下の表にしたがって数字を書きこみ、V、A、K、AD それぞれの合計を出してください。

	V	A	K	AD
Q 1				
Q 2				
Q 3				
Q 4				
Q 5				
合計				

ステップ 4

判定します

V の合計が一番多かった人……………… **視覚優位型**

A の合計が一番多かった人……………… **聴覚優位型**

K の合計が一番多かった人……………… **身体感覚優位型**

AD の合計が一番多かった人…………… **内的対話優位型**

それぞれのタイプの特徴

視覚優位型の特徴

感覚的な動詞として「知る」「考える」「思う」などは中立的もので、どんなタイプも等しく使う言葉ですが、視覚が優位な人は、「見える」「映る」「描く」「見通しが明るい（暗い）」といった言葉を、しばしば使います。こうした言葉が多い人は視覚が優位なタイプと考えられます。「早口の人」「せかせかした印象を与える人」は、だいたい視覚が優位です。

一般的にこのタイプは呼吸が速く、浅い傾向があります。手振りや身振りも多く、話すスピードが速いことも特徴のひとつですが、このタイプは話すときに頭に浮かぶ「映像」を見ながら話していることが多いためです。浮かぶ映像がつぎつぎに切り替わり、それを見ながら話していくことが多いので、話すスピードが速くなることが多いのです。

同時に視覚優位タイプの人は、相手のしぐさ、表情に関心が強く、よく観察しています。夢中になって話しているように見えて、相手の反応もちゃんと見ていて、反応が鈍いと感じればすぐに別の話題に切り替えることもできます。

このタイプに話すときは、映像が浮かぶような形の質問が有効です。「その目的を達成したらどんな景色が見たい？　どんな風景が見えるかな」といったイメージを映像で見せてあげることで、目的に向かうモチベーションが高まります。

聴覚優位型の特徴

基本的には視覚優位タイプと、身体感覚優位タイプの中間で、バランスがとれているタイプとも言えます。話すスピードは速すぎもせず、遅すぎもせず、呼吸は浅くも深くもありません。

このタイプの最大の特徴は「言葉」です。「聞こえる」「響く」「リズム」などの言葉が多い傾向ですが、具体的に「こういう言葉が多い」ということより、言葉の選び方が厳密で、正確に、常に適切な言葉を選ぼうとします。

見た目の印象は、比較的落ち着いた様子に見えることが多いタイプです。ただ一見視覚優位型、身体感覚優位型に見える場合もありますので、タイプを見極める場合は、会話の中での言葉の使い方に注目してください。

このタイプに話すときには、音や音楽、言葉が聴こえるようなイメージを持てる質問が有効です。「もし優勝できたら誰に何と言いたい？」「自分にどんな言葉をかけたい？」「どんな声援が聞こえると思う？」などで、目的達成時のイメージを強く持てます。

身体感覚優位型の特徴

視覚型と対照的なタイプです。自分自身が体全体で感じ取ったことを何より大切にします。しかもそれを言葉に置き換えることをさほど重視していません。そのため、よく使う言葉としては「〜という感じ」「〜な気がする」「〜が気になる」「〜という雰囲気」といった比較的不明確なものが多いのが特徴のひとつです。

自分の体で感じたものを味わうように話す傾向があるので、話すスピードは、3つのタイプの中で最もゆっくりです。呼吸は遅く、深めのことが多く、全体的には、ちょっと何を考えているのかわかりにくいところがあり、ゆったりした印象を与えることの多いタイプです。

このタイプに話すときには、映像や音ではなく「感覚」がよみがえるような質問が有効です。「もしその試合で決勝ゴールを叩き込めたらどんなふうに感じるだろう?」「飛び上がって喜ぶ?」「鳥肌が立つのかな」「ゴールパフォーマンスのときはどんな感じだろうね」などの言葉で、気持ちは目的に向かって集中できるでしょう。

内的対話優位型の特徴

これまでの3つのタイプとは違う内的対話型ですが、「自分と内的に対話をしている」人です。自分の心や気持ちと会話をしながら考え、行動することが多く、独り言のように「さて、そろそろ本気出すか！」「やっぱり、このアイデアで行こう」「この感覚があるときが良い状態だよな、うん」など、誰にともなくこうした言葉を使うことが多い人は内的対話型の人です。

視点を一点に向けながら物思いにふけっている、そしておもむろに行動を始める傾向もあります。このタイプに話すときは、その人が自分自身と対話ができるように聞いてあげるといいでしょう。「ちょっと自分に聞いてみてほしいんだけど、今やろうとしていることは本気かな？」「〇〇さんの心は、今何と言っている？」「もし、自分自身に声をかけるとしたら、どんな言葉で自分自身を励ますだろう？」などと問いかけることが自分自身との対話を促し、行動につながっていくと思います。

コーチ自身の傾向を知ることの意味

自分自身のタイプをチェックシートで把握することは、相手に対応する場合のヒントになると同時に、相手のタイプを見極めるときの手がかりにもなります。

人によっては明らかにこのタイプ、という結果になることもありますが、得点が最も高かったものを優先し「自分は比較的このタイプ」と判断してください。

4つのタイプの得点の差がほとんど出ないケースもありますが、「いずれの要素も強く持っている」と考えておけば十分です。「この相手に対しては自分の中のどの要素を強くするべきか」を考えればいいので、どのタイプに対しても対応しやすいといえます。

コーチングの基本は「まず相手にペースを合わせる」ことです。「コーチに向くタイプ」「向かないタイプ」はありません。

クライアントのタイプの見極めかた

このテストはあくまで「コーチ用」のもので、コーチが選手や子ども、部下にテストを受けさせてタイプを知る、というものではありません。

まずコーチが自分自身のタイプを知り、それをよく理解したうえで、相手をよく観察して、相手のタイプを見極めていく過程が大切です。最初は直接のコミュニケーションではなくても、注意深く日常の動作や他の人との関わり方、練習中の様子、食事中の様子をよく見て、「普段はどんなときに、どんな話し方をするのか」「感情が高ぶるとどうなるのか」「落ち込んだときはどんな声で、どんな姿勢になるか」「どんなときに黙り込むのか」「どういうときに笑っているか」など、ヒントはいくらでもあります。

私たちはここに長い時間をかけます。アスリートから「ぜひ自分のパーソナルトレーナーになってほしい」と頼まれても、いきなり引き受けて、相手の状態や悩みをを根掘り葉掘り質問することはしません。何度も、何気ない雑談ができるような場所で他の人も交えて食事をしたり、トレーニングの様子を見学するなどして、その間に、少しずつ相手の情報を自分の中に蓄積し、その上でゆっくりと相手との信頼関係をつくっていく、という手順を踏むのです。

これは、どんな立場の人にも参考になるアプローチだと思います。いきなりカウンセリングのようなことをしても、そう簡単に人は他人に心を開きません。

こうした観察の過程で「どんなところを見ればいいか」「信頼関係をつくるにはどんなアプローチがいいだろう」と考えていくうちに、クライアントが「だいたいこういうタイプらしい」ということが見えてくるはずです。

それを仮説として持ったうえで、相手と関わっていくことが大切なのです。

自分と相手がほぼ同じタイプだった場合は、だいたいコミュニケーションがスムーズに進みやすいといえます。自分に似ている相手は理解しやすく「どういう言い方をされるとうれしいか」「どういう言い方を嫌がるか」がわかるからです。

ただ、同じタイプゆえに、会話はスムーズでも脱線しやすく目的に近づいていかない、とか、のんびりしすぎてこれまたゴールが近づいてこない、ということもありますから、必ずしも「同じタイプがいい」というわけではありません。

どんなタイプ同士であっても、まず大事にしてほしいことは、相手と呼吸を合わせること、つまり「ペーシング」です。スポーツなどでもよく「息を合わせる」と言いますが、これは文字通り、お互いが呼吸のペースを合わせるということで、それによってタイミング、動き、スピードなど体の動きもピッタリ合うのです。

相手との会話で、相手の呼吸を観察すると、話すスピードの速い人は呼吸も浅く速く、ゆっくり話す人は呼吸も深く、ゆったりしていることがすぐわかるでしょう。

呼吸は意識的にコントロールできます。相手の呼吸の様子を観察し、ペースを合わせていくと、相手も話しやすくなり、コミュニケーションの距離は近くなっていきます。

普段はゆっくり呼吸している人の呼吸が浅く、速くなっていれば、何らかの気持ちの変化があるのではないか、焦りがあるのか、逆に気分が盛り上がっているのか、といったことも読みとれるので、それによって対応を適切に変えていくこともできます。

こうしたことを念頭に置いて、支えようとする相手がどんなタイプなのかに注意を向けて、関わってみてください。

ここからは、コーチ自身のタイプごとに、相手のタイプ別の有効な対応法を紹介します。

コーチのタイプと相手のタイプによる対応のポイント

コーチが視覚優位タイプの場合

○同じ視覚優位タイプに対して

タイプが同じなので会話が続かずに困るようなことはないでしょう。アップテンポで話がどんどん進んでいくので、意識しなくても相性が良い相手といえるでしょう。ただ目的を見失わないようにしてください。会話がどれほど盛り上がっても、コーチとクライアントのコミュニケーションの目的は、クライアントが自分の目標を達成し、ゴールに近づくことです。盛り上がっても脱線ばかりしていてはゴールが近づきません。

最初のうちは盛り上がることも信頼関係を築くうえでは大切ですが、少しずつコーチのほうが呼吸を抑えてゆっくりと話すようにして、目的に向かってリードしていくような言葉を伝えましょう。話がはずみすぎて、気分が乗りすぎているように感じたら、少しクールダウンさせ、「ほんとにこれでだいじょうぶだと思う?」とブレーキをかけることも必要です。

○聴覚優位タイプに対して

比較的おしゃべりなコーチなので、時に話し方や言葉の選び方が雑になります。聴覚優位タイプの人は、言葉に敏感です。話し方の基本は「語尾を丁寧に」「明確に」ということ。音に対してシャープな感覚を持っているので、語尾はもちろん、発音も明確にしてください。そうしないと「自分とは違う感覚の人だ」とすぐに感じ取り、信頼関係の構築が遠のいていきます。

○身体感覚優位タイプに対して

コーチ自身はたくさん話したいことがあってもそこを少し抑え、まず自分の呼吸をゆっくりにしてください。身体感覚優位の人は一方的に話されると、それだけで拒否感覚、苦手意識が強くなります。とはいえ、ずっと相手のペースに合わせ続けず、少しずつペースを上げて目的に向かう意識を強く持てるような言葉をかけるように心がけましょう。視覚優位タイプと身体感覚優位タイプは、まったく逆のタイプなので、最初は相手にペースを合わせることが必要ですが、信頼関係が築けてきたらペースを少し速めるという二段階を意識してください。

○内的対話優位タイプに対して

視覚優位のタイプのコーチは特別なことをしなくても、クライアントの状態を視覚的に違いを見分けることができるはずです。眼球の動きも敏感にキャッチしながら、クライアントが心の中でしている会話を意識的に引き出してあげると良いでしょう。「今、自分の心の中でしていた会話を言葉に出してみようか」などの言葉がけが効果的です。

コーチが身体感覚優位タイプの場合

◯視覚優位タイプに対して

これはまったく逆のタイプです。コーチが視覚優位、クライアントが身体感覚優位の場合も同じなのですが、コーチが身体感覚優位の場合のほうが、少し対応が難しいかもしれません。というのは、「せっかちな人が意識的にゆったりした態度で対応する」ことは、比較的やりやすいのですが、もともとのんびりした人が「ペースを上げて対応する」のは、けっこう難しいことが多いからです。

とはいえ、視覚優位の人は、自分とは違うゆったりした人に対して心を開きやすい、というケースもあります。コーチの側は、意識的にある程度自分の呼吸やしゃべり方やペースを上げて、相手の気持ちや言葉に乗り遅れないようにし、その上で、必要に応じて少しずつ自分のペースで相手をスローダウンさせながら、支えてあげてください。

○聴覚優位タイプに対して

聴覚優位の人はとにかく「きちんとした説明」「明確な言葉」を欲しがります。ニュアンスのずれ、音域のずれなどから、相手の自信のなさなどを敏感に感じ取ります。できるだけ、わかりやすく端的な言葉で、明確に話すことが大事です。身体感覚優位の人は、自分の「感覚」を信頼しているため、「言葉にしなくてもだいたいわかるだろう」と思いがちですが、聴覚優位の人に対するときは、他のタイプに対するとき以上に、何より「言葉選び」を重視してください。また、相手の言葉に対しては、「そういうふうに話してくれると非常によくわかる」といった承認をすることも大事です。

○同じ身体感覚優位タイプに対して

同じタイプ同士、相性は非常に良いのですが、問題はなかなか話が進まない、ということ。のんびり雑談をするだけならいいですが、そこで信頼関係が生まれてきたら、意識的に相手をゴールにリードしていく工夫が大切です。「次の目的は何?」「これからどんな形で頑張っていけばいいと思う?」などの言葉で具体的に目標に向かう気持ち、具体的に何をすればいいのか、がクライアント自身の中から出てくるように、コミュニケーションを続けましょう。

○内的対話優位タイプに対して

クライアントは内的に対話してから外側に言葉を出してきますので、会話のペースはゆっくりで身体感覚優位のコーチはお互いのリズムは合わせやすいと思います。「ゆっくりと考えて答えていいんだよ」という気持ちで、温かいまなざしでクライアントを見ていてあげると安心するでしょう。そして、クライアントが外側に出してきた言葉をしっかりと体で受け止めるようにして、言葉を繰り返しておうむ返しに言ってあげると良いと思います。クライアントは自分の言葉を内的に聞き、自分が話すことで聞き、コーチからおうむ返しに言ってもらって聞くことで3度聞くことになり、とても明確になると思います。

コーチが聴覚優位タイプの場合

○視覚優位タイプに対して

聴覚優位のコーチは、視覚優位のクライアントの言葉を「ほんとにそう思っているのか？」「本気で実現すると思っているのか？」と思いがちです。まず相手の言葉に疑いを持たずに聞くことが必要です。話している途中で「ほんとに？」などの言葉でさえぎらずに聞きましょう。視覚優位の人は映像が頭に浮かんで、それに従ってつぎつぎに言葉を出しているのだということを理解してください。視覚型の人が選んでいる言葉にとらわれすぎないことが大切です。

○同じ聴覚優位タイプに対して

お互いに「言葉」に厳密で神経質なタイプなので、話が理屈っぽくなったり、時にナーバスになります。相手の言葉とのニュアンスの違いを双方が感じ取ってしまうため、一度「どうも違うな」という感じを持ってしまうと、なかなかコミュニケーションがスムーズに進まないことがあります。相手の言葉のニュアンスがつかみきれなかったら「それはこういう感じ？」「こういう言い方とはニュアンスが違う？」といった言い換えなどで、なぜその言葉を使ったのか、という部分にフォーカスしてください。

○身体感覚優位タイプに対して

身体感覚優位タイプに人は、言葉の選び方に比較的無頓着で、いわゆる「ざっくり」した表現を使いがちです。たとえば「要するに、そういう感じなんです」「なんとなく違う気がする」といった言い方が多くなります。聴覚優位の人はつい、「だからそれってどういう感じなの」「なんとなく、ってどういうこと」と、突っ込みたくなる部分ばかりになることがあります。あまり根掘葉掘り詰問するようなことをせず、少しずつ「もうちょっと、その感じについて聞きたい」というように、深掘りしていくと良いでしょう。

○**内的対話優位タイプに対して**

耳から入ってくる情報に対して厳密に対応することができるコーチなので、まずはクライアントの話をしっかりと聴きましょう。内的対話優位のクライアントは、内的に自分に言い聞かせて行動に移すタイプですので、コーチはクライアントが外側に発した言葉のトーンや声の大きさ、微妙なニュアンスから、その人の自信の度合い、不安さ、恐れなども聞き分けていくと良いでしょう。「何とか言葉にした感じに聞こえるけど、決めたことについて自己採点すると何点くらいかな?」などと問いかけてみてください。

コーチが内的対話優位タイプの場合

○**視覚優位タイプに対して**

コーチに対してクライアントのほうがペースが速く、リズミカルです。コーチは自分の話すペースや振る舞いなどをいつもよりスピードアップする意識を持つと良いと思います。話している間、コーチが内的に浮かんできた言葉はメモしておく、場合によってはそのままは発してみても良いと思います。最も気をつけたいことは、クライアントがずっと話しているという状況をそのままにしてしまうことです。介入していく意識が重要です。

○聴覚優位タイプに対して

コーチの心の声を大切にしましょう。自分の心の中に浮かんできたものを信じて、クライアントに明確に伝えていきましょう。内的対話優位ということは、言葉に厳密でもあるということですから、聴覚優位タイプとはペースが取りやすいはずです。自分の言葉に自信を持って伝えて、クライアントの言葉に耳を傾けましょう。

○身体感覚優位タイプに対して

お互いにペースが合わせやすい相手と言えるでしょう。コーチが内的に浮かんできた話や質問をしていくことで、お互いの会話は一定のリズムで心地よく進んでいくはずです。自分の内的な会話以外としては、クライアントが感じている、味わっている状態をよく観察しましょう。見えているクライアントの状態に合わせて、自分の心に浮かんできたことを、そのタイミングで話してみると良いと思います。

○同じ内的対話優位タイプに対して

よく観察していると、コーチは、クライアントが自分とまったく同じことをしていることに気づくはずです。適切なタイミングで声をかける、質問ができるでしょう。気をつけたいのはタイミングを逃さないことです。自分の心に言葉が浮かんで来たらそのままクライアントに伝えてみましょう。その時が話しかけるタイミングです。

表情、動作だけではなく、座る位置や姿勢にも注目する

どのタイプにも共通して言えることですが、コーチが選手に、親が子どもに、上司が部下に対応する場合、相手が今どこに意識を向けているかをよく観察することが大事です。

たとえば会話中の身振りや手振りです。手がまったく動かない場合は会話の内容に無関心なことが多く、腕組みをしている場合は緊張しているか警戒している、動きが非常に大きい場合は「混乱」「もどかしさ」「積極的」といった心理状態にあることがうかがえます。

また相手との「位置関係」のとり方も、よく言われるポイントのひとつです。

相手の正面に座る場合は「相手に関心がある、自分にも関心を持ってほしい」という意識の表れです。たとえば選手がまっすぐにコーチに近づき、正面に座って話をしようとしていると

きは、「話したいことがある。聞いてほしいことがある」という意識を持っているということです。ただ「正面に座る」という姿勢は「対決姿勢」でもあります。逆にコーチがまっすぐ選手に近づいて正面に座ると、「話したい！」という気持ちが強く出すぎて、相手の警戒心、反発心を呼び起こしてしまうこともあります。斜めの位置に座るのは「観察したい」「関心はあるが少し気後れしている」「ゆっくりコミュニケーションをとりたい」という意識の表れです。コーチは、時には「斜め」の位置に座って話をしたほうが良い場合もあります。

これはよく男女の関係でも言われることで、たとえば合コンで「あなたの正面に座った男性はあなたに関心、好意を持っている」「斜め前に座った人はちょっと警戒しているが関心はある」「離れた場所に座った場合は関心なし」といったことです。

視線、眼球の動きで相手の心理状態を知る

もうひとつ、ぜひ知っておいていただきたいのが「視線」です。

ごく一般的なところでは「上目づかいで見る」のは相手にへりくだっている、卑屈になっている状態、「相手を見下ろす」のは支配しようという意識、「すぐに視線をそらす」は相手を受け入れたくない気持ち、「きょろきょろする」のは、もちろん落ち着かない状態で、「下ばかり

見ている」のは不安、自信のなさの表れ、といったもので、これらは頭や顔の動き、さらに姿勢の動きも伴うことが多く、わかりやすいものです。

さらによく見てほしいのが、眼球の動きです。頭や顔は大きく動かさず、正面を見ているようでも、眼球は上下左右斜めと絶え間なく動いています。眼球の動きは、視覚と聴覚に密接な関係があり、音に意識が向いているとき眼球はほぼ水平に動きます。実際に音がする方向に動くということではなく、声や音楽、声援などが実際に聴こえているかのようにイメージしていることが多いのです。

一方、意識の中で視覚的なイメージを思い起こす場合、視線は耳よりも上に動きます。

一般的に右利きの人の場合、左上に眼球が動いたときは、過去にアクセスしているときで、すでに経験していることを思い出していることが多いものです。自分の経験などを映像として頭に思い浮かべているということです。「そういえばあのときはこういうことがあったな」「あの風景は感動的だった」といったことを思い返している状態です。

一方眼球が右上に動いたときは、反対に未来のこと、これからのことをイメージしています。「次の試合までどんな練習をしようか」「卒業したら自分はどんな道に進んでいるんだろう」「優勝できたらどんなにうれしいだろうなあ」

眼球が右下に動いた場合は、「身体感覚」にアクセスし、体で何かを感じている状態です。「プレッシャーが肩にのしかかっている」「足がすくむ」「背筋が寒い」など、心の状態を身体で感じています。「今、何が起こったのかな?」「今、体に感じていたことは何?」「体に感じたことは何を教えてくれているだろう?」などと聞いてみると良いでしょう。

つまり「僕はあのときどうすればよかったのだろう」「そもそもどこが間違っていたのかな」などと考えているということです。**眼球が左下に行く場合は、「自分自身と会話をしている」という状態にあるときです。**

コーチングの現場で、相手と話をしているときに、眼球が左下に行っているようだったら、たとえば「今、自分と何を話していたの?」と声をかけることがあります。

すると相手は「え、なんで自分と話していたのがわかったのかな」とちょっと驚きます。しかしそれが「コーチは自分のことをちゃんと見ていてくれる」という感覚につながり、お互いが近づきやすくなります。「ラポール」と言われる信頼関係を早く築くためにはとても良いきっかけになります。

第10章

シーンごとの「支える技術」「応援する技術」Q&A

ケース1

経験のないバスケット部の顧問になってしまった中学教師Aさん

運動部の顧問になってしまいました。運動部顧問は初めてで、それもまったく経験のないバスケット部です（剣道は2段なのですが）。

過去には県大会優勝歴のあるチームですが、最近はまったくダメ。部員も各学年4〜5人です。技術的なコーチは、OBが数人時々来てくれていますが、活気もなくサボり放題で、たまに地区大会に出ても1回戦負けが続いています。

せっかくの中学生活、もう少し充実した部活動をしてほしいと思っています。みんなが一丸となって「燃えるワンチーム」をつくるにはどんなふうに指導すれば良いでしょう。

■毎日小さな目標を立て「言葉」に出させてみよう――（中野）

まったく経験のない部活動の顧問とは、大変な状況ですね。でも中学校などの運動部顧問では、よくある話かもしれません。

まずA先生に質問したいことは、ご経験のある剣道というスポーツにおいて、選手にとって大切なことは何だったか？　ということです。種目は違えども、スポーツ全般に共通の大切なことはきっとあると思いますし、A先生がこれから顧問をしていくうえで重要なことかもしれないな、と思いました。

みんなが一丸となって「燃える」チームをつくるためには、A先生自身が「燃えている」ことが大事です。A先生の「せっかくの中学生活、充実した部活動を」という気持ちを、強く持ち続けてください。その気持ちを、A先生自らがチームの輪の中に入って、多少暑苦しいと思われても、常にメンバーたちに伝え、内側から熱いチームをつくっていく姿勢を見せてあげればいいのではないでしょうか。

「目標」をちゃんと持たせてあげることも、とても大事です。

具体的には、まず「部活に毎日参加すること」からで十分です。その上で、その日どんなことを目標にしたいか、全員が練習前にひとこと宣言して、部活に取り組んでもらうといいと思います。

「ドリブルをしながら、味方がスピードに乗ったまま受け取れるパスを出せるようにする」

「味方がジャンプして取れるパス、胸の位置でとれるパス、ワンバウンドさせて取らせるパスなど、3種類のパスが出せるようにする」

「練習中は1回以上仲間に声をかける」

「スピードを落とさずにドリブルで走れるようにする」

生徒一人ひとりに、その日簡単な目標を宣言させて取り組むと良いでしょう。技術コーチがいるなら、きちんと意図を話して、協力してもらいましょう。

そして練習の終わりには、今日の目標の達成度を自分自身で振り返り、口に出しましょう。達成度によって喜びや悔しさなどの気持ちが表れて、部活への取り組む姿勢に変化が出てくると思います。彼らの気持ちの変化を意欲にしていきましょう。ノートなどに書いてもらってもかまいませんが、みんなの前で「言葉」で言うだけでかまいません。むしろそのほうが良いと思います。

生徒たちは日々それなりに「頑張って」います。そのとき、その人にできる全力を出しているのです。「頑張れ」「手を抜くな」「もっと走れ」ではなく、具体的な指示や声をかけてあげてください。「味方の胸にパスを出せ」「ジャンプしたら届きそうな高さを狙え」「ジャンプのとき、上半身が後ろに反ってしまっているよ」「残り3分！　開始3分と同じくらい走ってみよう！　挑戦しよう」など、声がけも工夫してみましょう。きっと先生の気持ちは伝わり、生徒たちの行動にも影響を与えるでしょう。

■まず練習後にミーティング時間をとって話そう――――（森本）

先生と生徒さんのモチベーションレベルのギャップがある状況ですね。先生の思いは十分に理解できますが、生徒の皆さんはどのような思いで部活に時間を費やし、何を得たいと思っているのでしょうか？　生徒たちは、みんな先生が望んでいる「燃える」チームを望んでいるのでしょうか？

もしそれが先生だけの「ひとりよがりの思い込み」であれば、生徒に無理やり同調させることはいいことではありません。

まずは、先生の思いを生徒たちとコミュニケーションをとる時間にあててみてはいかがでしょうか？　まず、その「時間」をとることです。長い時間ではなくても、毎日練習後に5分、あるいは週に1回20分、という程度からでもかまいません。

現時点では「燃えるチーム」なんか目指していなくても、先生の話を聞いて「燃える」チームづくりをしたい、と感じる生徒たちも出てくるかもしれません。先生自身が学生時代に燃えていた、部活での経験も話してみてはどうでしょう。どれだけそれが楽しかったか、そのおかげでどんな仲間ができたか、どんな自信につながったか、などの経験は、きっと生徒にも伝わるでしょう。その結果、彼ら自身の「燃えるチーム」をつくりたいというモチベーションにもつながると思います。

先生自身が「自分は学生時代、別に部活なんか楽しくなかった」と思っているようだったら、生徒にだけ「部活に燃えろ」と言ってもそれは伝わらないでしょう。もし先生自身が学生時代に「燃える部活」をしていなかったとして、それを「今、強く後悔している」なら、なぜ後悔しているのかを本音で話し、「だからこそ君たちにはあとで後悔してほしくない」ことを伝えても良いと思います。

ケース2

運動会でクラスをまとめたい中1の担任Bさん

私は中1のクラス担任です。一体感のないクラスなので、なんとか5月の運動会を機に、クラスのチームワークを実感してほしいと思っています。しかし「練習しよう！」と言っても「めんどくせー」「うぜー」「だるい」「やりたくねー」「暑い」「寒い」「眠い」と文句ばっかりで、クラス対抗応援合戦の内容も、メンバーが集まらないためさっぱり決まりません。「学年対抗競技で勝利を目指そう！」などとハッパをかけようものなら「上級生に勝てるわけないじゃん」です。確かにまあ、そうなのですが……。何か、クラス全体をまとめる方法ってないでしょうか？

■最初の目標は「応援合戦の練習に全員集まること」でいい――（中野）

B先生のこれまでの体験の中で「結果にとらわれずに、ただ全力でやり切った体験」や「はじめは気持ちが乗らなかったけれども、徐々にのめりこんでいった体験」はないでしょうか？「練習しよう」「勝利を目指そう」と抽象的に話すのではなく、B先生が体験したことを物語のように語ってみてはいかがでしょう。B先生の心の動きや結果などを話すことで、「自分たちもやってみよう」という気持ちが芽生えるのではないかと思います。

この場合もやはり目標設定が大事です。

最初の目標は「全員が集まること」「クラス対抗応援合戦の中身を決めること」、そして「応援の練習をすること」です。一緒の時間を過ごすこと、ただそれだけでもクラス全体の一体感は高まっていきます。とくに全員で大声を出す応援練習は一体感が高まりやすいものです。

「上級生に勝つこと」を目標にするのではなく、自分たちでコントロールできることを目標に持つと良いでしょう。

たとえば「競技中の応援は3グループの交代制にして、常にひとつのチームは声を出している状態にしよう」とか、「自分のクラスだけではなく、上級生にもエールを送ろう」「勝敗を問わず、やりきった人たちには大きな拍手をしよう」とか。

生徒それぞれに「役割」を持ってもらうことも効果的でしょう。

クラスには学級委員長など、生徒の代表がいると思いますが、なんとか委員長だからといってその生徒が「偉い人」になるわけではありません。そういう「役割」というだけのことです。その役割に合った「適性」をたまたま持っていた、ということ。

運動会に関しても、クラスや学年ごとなどに「応援団長」「進行準備担当」「備品(用具)担当」などを決めて、全員になんらかの役割と責任を持たせるのが良いと思います。とくに運動があまり好きではない、得意ではないという生徒は、当然参加に消極的になりがちです。運動能力以外の強みや得意を活かせる役割を持たせるようにしましょう。計画が得意な生徒、コツコツと物事を行える生徒、フットワークが軽い生徒、旗やポスターをつくるのが得意な生徒など、それぞれの得意分野を活かしましょう。

そして、役割を持たせて実行させたら、進捗状態を見ながら細かく声をかけてください。「計画通り進んでるね!」「備品係の準備ありがとう」「応援に、だいぶ声が出るようになってきたね」など、先生が感じたことをそのまま言葉にしていくと良いと思います。

■ジェイミー・ジョセフコーチの言葉を思い出してみよう――――（森本）

現実的には短い時間で、上級生との大きな差は埋められないでしょうが、勝つための行動をしなければ、勝つ確率は0％になってしまいます。1％でも勝てる可能性があるのであれば、勝つための努力は決してムダでないことを、たとえ話などで生徒に話してみてはいかがでしょうか？

どんなに劣勢であっても、結果として勝つことはビジネスの世界でもスポーツの世界でもよくあります。2019年、日本中を「熱く」させたワールドカップでも、ジェイミー・ジョセフコーチは、アイルランド戦の前「誰も勝てると思っていない。誰も接戦になると思っていない。信じているのは僕たちだけ」と選手たちに声をかけました。そして勝った。

大切なことは結果ばかりでなく、勝とうとする人たちの意識やプロセスであることを生徒たちが理解してくれれば、挑戦する心は養われるのではないでしょうか？　人生においてはいつも勝つことはできません。負けることから学びそれを肥やしにして前進していくしかないのです。

ケース3

「真面目」を買われて陸上部の主将になってしまった高校2年生Cくん

高校の陸上部2年です。3年から主将になれと顧問の先生から言われました。中距離が得意ですがチームのエースは1年生です。陸上は好きですが、ずば抜けた才能があるとは自分でも思えません。

練習も好きではないですが、性格が真面目なせいかサボらず毎日言われた通りに練習しました。真面目だけが取り柄で選ばれたのだと思いますが、リーダーシップがあるほうでも、大声でみんなを引っ張るタイプでもありません。どうすればいいでしょうか。どんなチームを目指せばいいのかもわかりません。

個人競技なので、それぞれが自分の記録に取り組む、という形のため、「チームワーク」もどうやってつくればいいのかわかりません。伸び悩んでいる後輩の悩みを聞いてやったりすれば良いのでしょうか？　自分より記録のいい下級生に、何を言っても馬鹿にされそうな気もします。

■「真面目」で選ばれたことを恥じてはいけない ――（中野）

Cくんは顧問の先生の指導通りに「サボらずに毎日言われた通りに練習した」という真面目さで主将に選ばれたのです。あなたが思っている通りです。今後、あなたが主将をしていく中で何か問題があれば、それは指名した先生が悪かった、と思うくらい開き直ってもいいと思います。「陸上が好き」という思いのままに、これまで通り真面目に取り組んでいれば、それがチームメンバーに伝わることでしょう。

元サッカー日本代表主将の長谷部誠選手を知っていますか？　彼はイレブンの中で一番うまい選手でも、一番年俸が高い選手でもありません。しかし試合に臨む姿勢や日頃の練習態度が最も見本となる選手です。彼もその真面目さを評価されたのです。よくチームメイトからも「マジメか！」と突っ込まれていました。

自分より「実力」のある下級生に対してどんな言葉をかければいいのか、と心配になる気持ちもわかります。

でも君は実力のある下級生を見ていて、どんなことを感じていますか？　私なら、そこからとても「刺激」を受けると思います。練習に取り組む姿勢、走るフォームの良いところ、手の振り方や脚の送り方など、下級生を見ていて、ここは良いな、真似したいなと思うところを見つけたら、それを伝えていけばいいと思います。

「○○くんの練習への取り組み姿勢を見ていると、自分も頑張らないと！　と思わせてくれるんだよね」

「自分の走り方と比較して、参考にさせてもらっているよ」

これまで先生や先輩からアドバイスされてきたことを例にあげて話しても良いですね。

「俺は先生から、後ろ足の引きを早くするようにアドバイスされたことがあるよ」

「ある先輩は、リズムを大切にしていたみたいで、スキップを練習に取り入れていたよ」

など、これまでの経験から、下級生に向けて声をかけることもできるでしょう。

結果を出したメンバーにどうやって「評価」する言葉をかければいいか、または負けたときに、どうやってみんなを励ませば良いか、といったことも気になっていることでしょう。

誰でも「勝った、負けた」「記録が出た、出なかった」と、一喜一憂します。嬉しい、悲しい、達成感、挫折感などいろいろあると思います。

結果を出したメンバーには、結果に対してよりも、結果を出すまでのプロセスについて、承認してあげましょう。

「この3か月間の毎日の積み重ねが実ったね、おめでとう！」

「よかったな！　いつも最後まで残って準備してきたかいがあったね！」

そして、負けたときや記録が出なかったときも、振り返るべきはプロセスだと思います。

「この3か月間、ずいぶん練習を積み重ねてきたのに悔しいよな。今日は悔しさにどっぷりつかって号泣しちゃえよ！」

「いろいろ工夫して、新しい練習メニューに取り組んできたのに、残念だったね。明日以降、落ちついたら、一緒に次のメニューを考えよう。今日はゆっくり休めよ」

「いつも最後まで残って準備してきたのにな。でもあの練習は絶対に次につながるよ！」

プロセスに焦点を当てながら、声をかけてみましょう。

■素晴らしい選手が素晴らしいキャプテンとは限らない――（森本）

真面目に練習に取り組んだことを評価されたことを恥じてはいけません。まず自信を持ってください。素晴らしい選手と素晴らしい人間との違いを、先生からチーム全体に説明してもらうことも、このような場面ではとても効果的です。先生とも良いコミュニケーションをとって、率直に悩んでいることを相談してください。

競技能力も人間の評価のひとつですが、素晴らしい選手が素晴らしい人間であるかといえば、残念ながらそうは言いきれません。競技を行う以前の問題として「素晴らしい選手である前に素晴らしい人間であってほしい」ということを顧問の先生も混じえ、チーム全員で話しても良いと思います。

読売ジャイアンツの故正力松太郎氏は「巨人軍は球界の紳士たれ」という言葉を遺《のこ》しましたが、紳士という言葉には「すべての選手たちの模範となりなさい」という意味が込められています。競技能力だけが選手の能力ではなく、本当はスポーツをすることで人間としての成長が大切であることが理解できれば、勝ったときも、負けたときも、良いチームであり続けることができると思います。

ケース4

急に地元の野球チームのコーチを頼まれて困惑しているDさん

高校、大学と野球を続けてきました。甲子園出場経験のある強豪高校から六大学の野球部に進み、４年で野手としてレギュラーになりました。卒業後は一般企業に就職し、野球から離れてもう10年以上たっているのですが、そこそこの経験を買われ、地元の少年少女野球チーム（男女混合）のコーチを頼まれました。野球経験のないG監督（巨人ファンの魚屋のオヤジさん）は「強くしてくれればなんでもいい！」としか言わないのですが、いったいどこから手をつければ良いのでしょうか。今のところ、たまに地域の試合に出てもほぼ全敗です。これで「強くしてくれ」って、何をどうすれば良いのか見当がつきません。

けっこう上手な子もいれば下手な子もいますし、女子の指導はもちろん未経験です。

さらにこうした地元チームは親ごさん（主にお母さん）が毎回送り迎えや、水、お弁当などを持ってきてくれたり、試合にも付き添ってくることが多いのですが、お母さんたち、お父さんたちとどうやってコミュニケーションをとればいいのやら、皆目わかりません。

■監督ともコミュニケーションを絶やさずに――（中野）

いくつも課題があり、何から手をつけたら良いのか、気持ちが急いている感じがしますね。ひとつずつ整理して考えていくようにしましょう。

まずはチームをどのように強くしていくかです。Dさんは六大学の野球部でレギュラーになった人ですから、依頼されたチームの状況を見ていれば、現状の戦力は把握できるはずです。基礎的な練習が必要なのか、ポジション別に鍛えていく必要があるのかなど、いくつか方向性は見えてくるでしょう。

そして、女子の指導についてです。女子サッカーなでしこジャパンの佐々木則夫元監督がどのように女子選手と関わっていたかなどが参考になるでしょう。積極的に話しかけること、よく聴いてあげること、細かな違いに気づくことなどが大切です。

さらに、親ごさんたちとの関わりです。お母さんやお父さんたちは、まず自分の子どもたちのサポートをしているわけですが、忙しい中、ほかの子どもたちのためにも、チームのためにも、お世話になっている監督のためにも、と努力されているはずです。その思いや行動に対して、言葉に出して感謝を伝えていくことで、良い関係をつくれると思います。

監督とコーチの関係もチームによってはなかなか難しいことがあるかもしれませんが、DさんとG監督に関しては、ほとんど「Dさんに丸投げ」な状態でしょうか。ただ、この場合でも重要なことは、G監督とのコミュニケーションを綿密に行うことです。ビジネスの基本であるPDCA(Plan・Do・Check・Action)を明確にして、G監督への「報連相」(報告、連絡、相談)を欠かさないことです。Dさんが考えるチームの強化・育成プランは、必ずG監督と共有しましょう。そして、G監督の支持を得たうえで、プランを実行していくと良いと思います。監督はチーム全体のことを統括して責任を負いますが、Dさんにまかされていることはチームの強化・育成です。任された範囲の中で、承認を得た強化策を実行するとDさん自身もやりやすくなります。実行過程でも報告、連絡、相談は絶やさないようにすれば、G監督の意見も反映されるようになり、2人でチームを強く育てていくことが可能になると思います。何もかもひとりでやらなければ、と思い込みすぎないようにして、うまく役割分担をし、協力し合ってください。

時には強化・育成プランで意見が合わないこともあるでしょう。そんな場合は、「第3案」を模索してみると良いと思います。双方のプランの良いところをピックアップしつつ、さらにその上をいくプランを探すのです。「どちらか」に決めようとせず、柔軟に対応すると、決裂せずにすみます。

「G監督の強化プランのXという部分と、私が考えたYという部分を使って、もっと良いプランを考えてみませんか」

「私たちの強化プランをジャイアンツの原監督が聞いていたとしたら、どんなアドバイスをくれるでしょうね？　もしかしたら、どっちもダメだと言われるかもしれないですね」

など、雑談的にでも、話し合ってみてください。

生徒たちとのコミュニケーションで気をつけたいのは「レギュラーメンバー」と「それ以外のメンバー」それぞれへの対応です。

レギュラー以外の子どもたちにも、モチベーションを保ってもらうためには、ひと工夫が必要だと思います。やはり、どんな子にとっても試合は練習よりずっと楽しいものです。勝っても負けても、ヒットを打っても三振しても、ファインプレーをしてもエラーをしても、やはり「試合から学ぶもの」は練習で学ぶものよりも大きいのです。私自身も、高校・大学とサッカーを続けていましたから、よくわかります。ぜひ、選手の特性にしたがって、できる限り多くの子どもたちを試合に出してあげてほしいと思います。代打、守備固め、代走などで良いと思います。そして、日頃の練習から、「必ず、試合に出る場面があるからね！　そのときのために、コツコツと練習で上達を目指そうね！」と声をかけたり、「練習をしっかりやっていて、今調子の良い選手をスターティングメンバーに選ぶよ！」と言って、実際にそのようにしていくと、すべての選手にDさんの気持ちが届くことでしょう。

■親とのコミュニケーションの中にヒントがあるはず――（森本）

課題は山積みだと思いますが、まずは親ごさんとのコミュニケーションを大切にされてはいかがでしょうか？　野球経験がない監督の下で、これまで練習してきたわけですから、チームにはさまざまな問題があるはずです。私ならまず親ごさんたちからこれまでのチームの実態や現状を詳しく聞いてみます。お母さん、お父さんは、これまで監督には直接訴えなかったものの、いろいろな問題点も課題も理解しているはずです。このリサーチは、今後の変化にとって大切な要素になると思います。もちろんコーチとして関わっているのですから、経験がないとはいえ監督の意見や考え方を尊重することは必要ですし、実際プレイする選手たちとの関係も同じです。いきなり戦略や練習プログラムを考えるのではなく、まず、監督、子どもたち、そして親ごさんたちが一番大切にしているものは何なのか、一番の希望は何なのか、という優先順位を知ることが非常に大切だと考えます。それがわかったところで、現在の問題点、これからのゴールを設定して、そのゴールに向かうために行うことを数多く抽出し、その出したものに優先順位をつけて行動するのみです。

ケース5

クライアントがつぎつぎ去っていくジムインストラクターのEさん

私はジムインストラクターで、パーソナルトレーニングもやっています。常時抱えているパーソナルトレーニングのクライアントは6～7名で、毎日ひとりは指導をしています。が、なぜかじきに「そろそろパーソナルは終わりにしたい」と言われることが多く、ふと気づくとほかのインストラクターがその人を指導していたりします。クライアントは女性がほとんどです。ダイエットが目的の人が多いので、筋肉をつけてもらったうえで有酸素運動も、という方向で指導し、食生活などもなるべくアドバイスするようにしています。結果を出してあげたい、という一心でけっこうハードなことも取り入れようとしているのですが、結果が出る前にやめてしまう人のほうが多く、悩んでます。「Eさんはドだから—」と同僚からは言われるのですが、自分でトレーニングをするときはむしろドMで、自分を追い込むだけ追い込みたいという性格です。

どうやってクライアントと長く付き合い、結果を出すことができるでしょうか。

■なぜダイエットしたいのかをよく聞いてみよう——（中野）

結果が出る前にやめてしまう人のほうが多い、気づくとほかのコーチの指導を受けているというのは、残念ですね。一生懸命指導したEさんの気持ちも落ち込んでしまうと思います。

さて、「ダイエット目的の人が多い」とありますが、クライアントさんそれぞれのダイエットの目的を聞いていますか？「5キロやせる」「体脂肪率を15%にする」ということも目的のひとつの形ですが、さらに上位の目的（メタ成果と言います）は何でしょう？　ダイエットで大事なのは、トレーニング方法や根性だけではなく「何のために体重を落とすのか」という明確な目的を持つことです。たとえば「スタイリッシュなファッションで彼と高級レストランに行きたい」とか「友人の結婚式に憧れのドレスで参加したい」とか、どんなことでもいい。ハードなトレーニングや、食事制限にも耐えられる目的が必要なのです。それをまずクライアントから聞き出し、理解したうえでトレーニングを始め、時々その「目的」を思い出させてあげましょう。目的をリアルに思い出すと、失われかけていたモチベーションが上がります。その結果、トレーニングも長続きして、結果につながると思います。

また、「EさんはドSだから」という同僚の反応がちょっと気になります。Eさんはどんなクライアントにも「ハードメニュー」で関わっているのではないでしょうか。自分のやり方をワンパターンで押しつけている可能性がないかどうか考えてみてください。「人を見て法を説け」と言われます。あまり自身のやり方にこだわりすぎず、クライアントそれぞれに合わせて、指導の方法を変えてみるのも良いと思います。

たとえば、トレーニングメニューを決める際も、人によって決め方を変えてみてください。たとえばクライアントが「新しいこと」や「突飛な発想」が得意で楽しめるタイプならば、一方的にEさんがメニューを決めるよりも、本人のアイデアを多めに取り入れたメニューをつくると良いでしょう。

一方、何事にも戦略的に、計画的に取り組みたいクライアントの場合は、トレーニングメニューの順番や質と量の組み合わせなどをしっかり本人と話し合い、クライアント自身が納得した内容にするとモチベーションが持続しやすくなります。

Eさんが決めたハードメニューを黙って真面目にこなしていても、突然「キツすぎて無理」とやめてしまう人もいそうな気がします。

そんなクライアントには、「8割程度ができれば素晴らしい、というメニューなんですよ」など、自分のペースで減らしても十分に効果があることを伝えてあげてください。真面目な人ほど与えられたメニューはすべてこなさなければ、と思っているものです。「あんなにキツいことはもうしたくない」と思ってしまう人もいますから、「毎回ちゃんとやっているか」より、どんな表情でやっているのか、やり終えたあとの表情はどうか、楽しそうに帰っていくかどうか、などを見てください。

インストラクターから指示されることが嫌いなタイプに見えたら、時々「もし、○○さんがインストラクターだったとしたらどんな指示を出しますか?」と聞いてみて、その答えをそのまま取り入れてみても良いと思います。

■「やせたい」は表面的な目的にすぎないことが多いもの――（森本）

Eさんが、クライアントの本当のニーズを理解しているかどうかが問題だと思います。「やせたい」と言っても、それはごく表面的な目的であることが多いのです。実際はやせることが目的でなく、彼氏に「きれいになったね」と言われることが本当のゴールであることもあります。だからこそ、根掘り葉掘りクライアントのニーズをしっかり聞くことはとても重要です。さらに、そのクライアントのゴールに対してのモチベーションレベルを知ることです。本人が「とにかく死に物狂いでやりたい」という状態になっている場合は問題ありませんが、そのような人はほとんどいません。「成し遂げたい思いのレベル」と「それを実行するレベル」がマッチしていないとクライアントは満足しないのです。

たとえばボクサーが計量をパスするために減量しているなら、それは当然死に物狂いですから、どんな強いレベルのものでも実行するでしょう。1か月後の結婚式でなんとしてでもこのドレスを着たい、あと3キロはやせないとファスナーが閉まらない、という場合も相当の死に物狂いですから、ハードにやってもだいじょうぶです。

けれど、それは非常に稀なケースと思って、相手のモチベーションレベルをきちんと見極めてください。そのうえでトレーニングメニューを作りましょう。

たとえば「今、トレーニングへのモチベーションレベルはどのくらいですか？　マックスを10点とするといくつくらいでしょう？」と質問してみてください。クライアントが「6点くらいかな」と答えたなら、「1点あげて7点にするために何かできることはある？」などと聞きます。いきなり10点を目指すのは難しくても、「1点上げるには」と視点を少し変えるだけで難易度はぐっと下がり、自然に「できること」に自ら気づくことができ、それがモチベーションにつながります。

こうしたやりとりの中で、相手のモチベーションがどのへんにあるのか、また、モチベーションを上げる妨げになっているのは何か、も理解できるようになります。モチベーションが上がらないときには、それに合ったメニューにして、比較的にラクに続けられるものにする、ということも大切です。

もうひとつは、プログラムを実行するときにしっかりクライアントの許可をとることです。トレーナーの多くは、相手の許可、承認をとらないまま、ほとんど勝手にプログラムを作り、実行させてしまいますが、本人の納得が足りないプログラムを強要するべきではありません。

ケース6

自分の夢を息子に実現させたい父親Fさん

息子をテニス選手にするのが夢です。小1の頃からテニスコートに連れていったところ興味を示し、打たせてみるとけっこう筋がいいように思います。足は速くクラスで1番です！私自身テニスが大好きで、趣味で続けています。高校、大学もテニス部でたいした実績はありませんが、息子にはぜひ子どものころからテニスに親しませ、できれば世界で活躍してほしいと思っています。今後テニススクールに通わせようと考えていますが、親はどのように息子をサポートするのがいいでしょうか。

■しばらくは親子の趣味として継続を（中野）

やはり親としては、自分が好きなスポーツや芸術分野などで、子どもに活躍してほしいと思うものですよね。私にも息子がひとりいますが、やはり自分が小さい頃からやっていたサッカーで活躍してほしいと思ったことを思い出しました！　ただ、息子はまったくサッカーに興味を示さず、実際にやったスポーツは剣道でした。

親としての子どもへのサポートの件ですが、まずはFさんの趣味（テニス）を、継続して一緒にやってみるのがいいと思います。「テニスって楽しい！」を息子さんの口からたびたび聞くようになるまで、連れていってみましょう。「楽しい」から「もっとやりたい」「うまくなりたい」に興味の段階が移行してきてから、「テニススクールに行ってみる？」と問いかけてもいいのではないでしょうか。

子どもがとても楽しく、意欲的に取り組めるようにサポートしてあげるのが、良いと思います。「テニスよりも、違うスポーツのほうが楽しい」と言われたら、テニス選手にするのはさっさとあきらめましょう。

幸いなことに息子さんが思惑通り「もっとテニスがうまくなりたい」と言い出して、実際にスクールに通い始めるとき、息子さんはそれ以降「お父さんとの遊び」ではなく、「競技」としてのテニスをすることになります。心・技・体を鍛えるという道に入ったということですね。それからは、心・技・体、それぞれの側面において息子さんがどんな状態にあるかを見守って、声をかけてあげると良いでしょう。

始めたころには楽しかったテニスが、やってみるとだんだんつらく厳しいものに変わっていくときもあるはずです。

息子「コーチがすごくきつい言い方をするんだよ」

父「バックハンドの正確性を上げるように、って言われてるんだよな？」

息子「うん、でもそんなこと言われてもラリーが続いてくると、だんだんバテちゃって追いつかなくなるんだもん。ムリだよ！」

父「そうか、そうなんだね」

と、1回受け止めてあげましょう。そのうえで、

「コーチにキツく言われるとどんな気持ちになってくる？」

「なんで○○くんに、コーチは厳しい言葉を使っていると思う？」

「父さんもそういうことあったよ。ちくしょう！　って思った。だからコーチに褒められるまでやろうって思ったな。○○くんはどう？」

こんな声かけはどうでしょうか？

私たちは苦手なことをしようとするとき、自分に対して「否定的な言葉」「○○しなければならない」というタイプの言葉をかけていることが多いものです。たとえば「ここは絶対にミスをしてはいけない」「絶対にミスしないぞ」「今度こそスイートスポットでボールをとらえなくてはいけない」などです。

こうした言葉を使うと、必ず体によけいな力が入り、ミスをする確率が高くなります。

苦手なものに取り組むときには、

「よし、この打点で打つ！」

「手の甲を相手に向ける！」

といった言葉を、自分にかけるとうまくいきます。

■勝ったときだけ褒める、ではサポートにならない

競技としてテニスに取り組むようになれば、当然試合に出て、勝つこともあれば負けることもあります。

もちろん勝つことが目標です。しかし、それと同時に、この試合に臨むにあたってどんな目標を持っていたかも重要だと思います。単に目の前の試合の勝ち負けだけに一喜一憂し、勝ったときだけ褒める、ではサポートにはなりません。

たとえば試合の前に、こんなふうに言葉をかけてみても良いのではないでしょうか。

父「今日の試合、勝つために大事にしたいプレーは何？」

息子「ファーストサービスの確率を上げることかな！」
父「なるほど！　そのために、気をつけることは何？」
息子「トスを一定の位置に上げること！」

こんな会話があったら、その試合後、朝話していたことについて振り返りながら、声をかけたいですね。

父「今日は勝てなくて残念だったね。今朝話していたファーストサービスはどうだった？」
息子「全然ダメだったよ。50％しか入らなくて、ダブルフォルトが6回もあった」
父「そうか、50％じゃ低いんだね。トスはどうだった？」
息子「そういえば、トスの位置がバラバラだったな。そうか、トスの練習が必要かも」

このように自分で気づいていくと励ます必要がありません。

大坂なおみ選手の元コーチであるサーシャ・バイン氏の関わり方も参考になるでしょう。バインコーチは大坂選手が落ち込んでいたり、イライラしているときなど、いつも大坂選手と同じ高さまで目線を下げ、ゆっくりした口調で諭すように話していました。

具体的な内容はわかりませんが、こうした姿勢や話し方も大切です。

「負けてしまったのは残念だったね。今は落ち込んでいると思う。悔しいよな。でも君が毎日必ず3時間は練習を続けてきたこと、父さんは知っているよ。必ず勝てるときが来る。練習は裏切らないよ。いつも応援しているからね」

弱気になっている心に寄り添い、プラスのエネルギーを持って立ち向かうように関わってあげましょう。

■やる気が出ない本当の理由を自然に聞いてあげよう

練習を続けていれば、なんとなく気分が乗らなかったり、友だちと遊びに行きたくなるときもあるかもしれません。子どもが興味や意欲を失っているのを見ると、やはり身近にいる親はやきもきしたり、心配になったりするものですが、まずその原因を知ることから始めましょう。単に「練習をサボるようでは強くなれない」「サボってるから勝てないんだぞ」「頑張ればだいじょうぶだ！」という叱責や単純な励ましより先に、「なぜ意欲がないのか」「なぜ興味を失っているのか」のほうが大事です。

たとえば「いくらやっても上達しない」「試合に出ても勝てない」ことばかりがやる気が出ない理由とは限りません。たとえば「コーチが怖くて嫌だ」ということだったり、「仲間とうまくいっていない」などが理由かもしれません。

いきなり根掘り葉掘り聞き出すのではなく、Fさん自身が息子さんとテニスを楽しんではどうでしょうか。久しぶりに息子さんとプレイしてみれば、本人が思っているよりずっと上達していることにFさんが驚くかもしれません。スクールに通い出す前のように、単にテニスを楽しむ時間を持たせてあげてください。その上で、話を少しずつ聞いてみてはどうでしょうか。

父「最近、あまりスクールに行ってないみたいだけど、どうしたの？」
息子「なかなかうまくならなくて、つまらなくなってきちゃって…」
父「あんなに楽しくやっていたのに？」
息子「うん…」
父「今日は久しぶりに君とやってみて、びっくりしたよ。すごくうまくなってる。強いサービスを打つようになったし、左右に打ち分けられるようになったんだな。さんざん振り回してくれたな」
息子「そうかなあ」

父「すごかったぞ。あのサーブ170キロは出てたんじゃないのか?」
息子「まさかあ」
父「いや、ほんとに速かったよ。今日は楽しかった? お父さんはすごく楽しかったよ」
息子「楽しかったよ」

そんな会話ができれば、最近の「悩み」も少しずつ話してくれるでしょう。その上で、一緒に必要な対処法を考えてみては、と思います。

■今の状態を認めながら他の選択肢も提示してあげよう――(森本)

運動能力やセンスがある子どもに対しては、意図的に、しっかりその事実を褒め、承認してあげることが、子どもの何よりのモチベーションになります。「足が速い」といったことも、何度でも「本当に足が速いな」「また速くなったね。すごいな」とちゃんと褒めてあげてください。

お父さんは息子さんにテニスをしてほしいようですが、運動能力やセンスは、必ずしもテニスだけに発揮されるわけではありません。なるべく、もっと大きな枠組みの中で選択肢を広げるようなコミュニケーションも必要なのではと思います。

「君は足も速くてテニスもセンスがあるからどんなスポーツにも対応できるね」など、今の状態を褒めながら、同時に違う選択肢を示すことも、子どもが持っている能力の後押しになるはずです。

もちろん息子さんにテニスをしてほしい気持ちはわかりますが、それが親の押しつけになってしまうと、結果は良いものにならないと思います。多くの選択肢の中から「自分でテニスを選んだんだ」という意識を子供自身が持つことが、最終的には良い結果を生むと思います。

ケース7

父親が厳しすぎて子どもがかわいそうになっている母親Gさん

夫が大学まで空手部で今も大学に顔を出して、時々後輩を指導しています。息子にも当然のように「空手をやらせる」と言い、まだ小学1年ですが道場に毎回付き添い、大声で叱咤激励しています。

家に帰ってからも休日は、突きや蹴りを練習させたり、腕立て伏せをさせようとします。おとなしい子なので言われると従っていますが、まったく楽しそうには見えません。

――「いやだったらムリをしなくていいんだよ」と時々声をかけますが、「お父さんが、やめたらダメだと言った」と言っています。母親はどう見守り、どうすればいいでしょう。

■父と母の応援の仕方は違っていてもいい――(中野)

お母さんの息子さんへの愛、そしてお父さんの息子さんへの愛、さらに息子さんのお父さんへの愛も感じました。

とはいえ、お母さんとしては、息子さんの様子を見ていて心配が募ることでしょう。ご主人と息子さんの関係はけっして悪い状態ではないと思います。お母さんからは「楽しそうに見えない」という息子さんですが、息子さんが「お父さんがやめたらダメだと言った」と言っているように、お父さんとの関係を重視しているように感じます。

「いやだったらムリをしなくていい」というお母さんの思いは伝わっていますので、息子さんがそう思ったら、自分から声をかけてくるでしょう。

第3章でも触れたアニマル浜口さんと、娘の京子さん、そしてお母さんとの関係もちょっと思い出してみてください。アニマル浜口さんは、まずは京子さんの「レスリング選手としての幸せ」を応援し続けたように感じます。そしてお母さんは、常に京子さんを娘として愛し、女性としての幸せを願って応援しているように見えました。家族にふたつのタイプの応援があって良いと思います。

■なぜ父親が空手をやらせたいと思っているのか、を聞いてみて――（森本）

母親から見ると幼い息子が無理やりやらされているように思うかもしれません。けれど、男の子の気持ちは、なかなか女親にはわからない部分もあります。心配であれば、息子さんに、時おり「心配しているけどだいじょうぶ？」と聞いてみるのがいいと思います。

子供さんもお父さんの期待に応えたいところと、お父さんに対しての同性ならではの憧れがあり、はたから見ると厳しすぎるようでも、実際のところ、子どものほうは楽しんでやっていることもよくあります。

息子さんの気持ちが小学校高学年、中学生になっていくにつれて変わっていくこともあるでしょう。

また、お父さんがなぜ息子に空手をやってほしいと思っているのか、ということも少し聞いてみてください。「ただ試合に勝たせたい」というだけではなく、お父さんとしてはもしかすると「学生時代に空手を通して一生の友だちができたから」「苦しい練習だったけれど何よりもいい思い出になったと思うから」「つらかったけれどあの練習があったから社会に出てからも頑張れた」といった気持ちを話してくれるかもしれません。「どうしてうちの子にも空手をやらせたいと思ったの？」と率直に聞いてみてはどうでしょうか。お父さんのほうも、それに答えていくうちに、忘れかけていた「自分の気持ち」や「息子に何を得てほしいのか」をあらためて思い出すはずです。お父さんの真意を知ることも、これから息子さんを見守り、支えるうえで、きっと役に立つと思います。

ケース8

母親が息子の体操に一生懸命になりすぎて
「このままでだいじょうぶか？」と心配になっている父親のＨさん

妻はまったく運動経験はありませんが、地域活動やＰＴＡ活動に熱心で、息子の送り迎えなどはもちろん、息子が通う体操教室の手伝いなど、体操のこととなると息子以上に熱心です。息子にかける気持ちは並々ならぬものがあり、試合になると息子以上に張り切り、はちまきやら横断幕やらうちわをつくって必ずかけつけ、最前列で「行け～！」「そこだぁあ‼」

「何やってんの、気持ち気持ち!!」と大絶叫しています。息子は中1です。「恥ずかしい」「うざい」と母親にもブスっとした顔で言っていますが、妻はまったく気にしないタイプで、父親の自分のほうがハラハラしています。自分だったら母親にあんな絶叫応援をされたら死ぬほど恥ずかしいと思うのですが。

■熱烈応援でパフォーマンスに悪影響が出ている場合は問題——(中野)

体操の試合会場の様子が伝わってきます。よくある光景かもしれません。

「だいじょうぶなのだろうか?」と心配されているHさんに対して、息子さんも「恥ずかしい」「うざい」とお母さんに言っていますね。息子さんが口にしている以上、実際にそういう思いはあるのでしょう。中学1年生となればなおさらですね。「お前の母ちゃんの応援すげえなあ」と、友だちにからかわれたことくらいあるかもしれません。とはいえ、応援されてうれしい気持ちも必ずあるはずです。誰だって、多少うざくても、関心を向けられるほうが無関心よりもずっとうれしいものだからです。

息子さんの実際の試合でのパフォーマンスはどうでしょうか? お母さんの最前列での絶叫に影響されて、パフォーマンスが落ちているということはないでしょうか? 見るポイントはここかなと思います。

試合でのパフォーマンスにどのような影響を与えているかによって、奥さんへの対応は変わると思います。もし、パフォーマンスが低下するなど悪影響が出ているのであれば、その事実を伝えるだけでいいと思います。奥さんの望みは、息子さんが活躍すること。パフォーマンスに良い影響を与える応援に変化させることは可能だと思います。

「選手のパフォーマンスに大声援がプラスに働くことは多いと思うよ。だけど、最近の○○はあまり調子が良くないよな。プレッシャー感じているんじゃないか？　オレたちだけでも、心の中で応援するように変えてみないか？　心の中で大声出して応援してみようよ」

そんな言い方ならば、奥さんを傷つけることなく伝えられるのではないでしょうか。

父親としての役割のひとつは、まず息子さんが体操でベストなパフォーマンスを出せるよう、日常生活から息子さんの様子をよく観察して、必要に応じて、声をかけてあげることです。おそらくお母さんはどちらかといえば、一方的によくしゃべるタイプなのでしょう。だからこそ、お父さんは息子さんの聞き役になってあげると良いと思います。

もうひとつは、奥さんが気持ちよく応援できるように奥さんを支援してあげることです。たとえば奥さんが夫婦の関係や、お姑さんとの関係などでストレスを抱えていて、その「発散」が息子さんの応援に向いている場合だと、あまり「良い応援」とは言えないものになることもあります。

■お母さん自身の気持ちを支えることも大事 ――（森本）

こうしたケースはしばしばあります。実際の選手より親のほうが情熱がありすぎて、そのコントロールができていない状況になっているのかもしれません。中1といえば反抗期にあたりますので、お母さんの行動がストレスになっていることも考えられますので、それとなく聞いてあげることは必要です。もしお母さんの行動を変えてほしいなら、傷つけないように、「君の気持ちは十分わかっているよ」などと日々の努力や息子さんにかけている愛情や、費している時間をきちんと認め、それに対して感謝を伝えることです。そのうえで、少し行動を変えてもらうように提案してみてください。

ひとつ気になるのは、お母さんの応援が、お母さん自身のストレスのはけ口になっていないか、ということです。もしそうであればお母さんの抱えている問題に対してアクセスしなければいけませんね。

ケース9

息子は少年サッカーの有望選手、親にできることは何かと悩むIさん

小学4年生男子ですが地元の少年サッカーチームで活躍しています。ポジションはフォワードで、チームのエースです。東京トレセン（トレーニングセンターの選抜メンバー）の合格を目指しており、Jリーグの下部チームに入りたいと言ってます。とにかく本人はサッカーが好きで絶対にプロになると、毎日練習しています。実際、かなりうまいほうらしいのですが、私たち両親は運動経験ゼロでまったくわかりません。

才能があり、しかもやりたいことならば、ぜひ伸ばしてやりたいのですが、親にできることはあるのでしょうか。もし将来海外遠征に行けるようになったとしても、高額な旅費を毎回負担してやることはできそうにありません。

■競技へのアドバイスばかりが応援ではない――（中野）

「絶対にプロになる」という息子さんの強い思いは貴重です。運動経験ゼロのご両親でも、

できることはたくさんあります。その中でもとくに、練習や試合に意欲的に送り出してあげること、練習や試合のあとで話を聞いてあげること、時々実際の様子を見ながら応援してあげることなどは、息子さんにとってとても良い関わり方だと思います。

「今日はどんなプレーがしたいの？」「次の試合の目標は？」などと聞いてあげたり、1日の目標を決めてスタートさせてあげると方向性が定まり、意欲も高まるでしょう。

そして帰ってきたらどうだったかを聞いてあげることです。「振り返る」ことは、とても重要な学びになります。「ああすればよかった、こうすればよかった」といろいろと振り返りながら、「うまくいったことは何？」「うまくいかなかったことは？」「明日に活かせることはあった？」というように、今日の経験を次の機会に活かしてあげるような関わり方は息子さんがプロになったときにも、とても役に立つものです。

■目標に向かって努力することこそが大切だと伝えたい　――（森本）

スポーツ経験がない両親にとって、息子さんの高いレベルへの挑戦が不安であることはよくわかります。

子供の思いを尊重し、子ども自身がやりたいことを応援してあげる姿勢は親として一番大切なことです。

もちろん現時点では極めて能力が高い小学4年生ですが、その能力がこの先も伸び続けていくかどうかは、まったくわかりません。しかし、ご両親はどんなときにも「子どもの成長と、頑張っている姿を見ることが何より楽しく幸せなのだ」ということを伝えてほしいと思います。

その年代では飛び抜けた選手であるかもしれませんが、成長速度が速い人ほど、高校時代が人生の中でパフォーマンスのピークということもあり、息子さんはこれから、天使と悪魔の両者に出会うことになります。「競技での成功」だけが大切ではなく「成功を目指し努力できるプロセス」がその人間をつくり上げ、日々少しずつ、しかし確実に成長できることが大切だと伝えることが、将来の危機管理にもつながります。

「失敗はない。フィードバック(結果や反応)があるだけだ」という言葉があります。これは、コーチングやセラピーに使われるNLPという心理学の基本的な考え方です。人間の行動、言葉は、必ず何かしらの「結果」や周囲からの「反応」を生みますが、その結果や反応が「望んでいたもの」「目指していたもの」「良いもの」だった場合、私たちはそれを「成功」と呼び、「目指していなかったもの」「望まなかったもの」だったときに「失敗」と呼びがちです。けれど、「失敗」といってもそれは本来、「単なる結果」にすぎません。単なる結果に「失敗」という名前、ラベルをつけてしまうから、人は苦しくなります。しかし「何が失敗か」などという絶対的なものはありません。「失敗」というラベルをつけた「結果」も、別の視点から見れば「よりよくなるために学べる絶好の機会」かもしれません。

「失敗」という言葉にしばられるから、人はショックを受けます。そのときに望んだ結果ではなくても、それを「失敗」と思う必要はないのだ、ということがわかっていれば、さまざまな挫折をも糧にできるはずです。

そう思って生きていくためにも、親は子どもに「勝つこと」「成功」ばかりを目指させるのではなく、「目標に向かって努力し、成長していくこと」の大切さを伝え、常にその努力と成長を見守り、褒めてあげてください。

ケース10

難関中学受験を控えた小6の娘、
不合格だったときどうやって励まそうと心配な母親Jさん

難関中学をめざす小6の娘、難しすぎて勉強を教えることはもちろんできません。それでもなんとか応援したいと思っています。親としては、どのように接したら良いでしょう。そ

もそも中学受験をさせようと決めたのは親の意思で、小学2年から進学塾に通わせました。偏差値が72を超える超難関中学はムリそうだということがわかってきたので、そのひとつ下のランクのK大学附属中学を第一志望にしています。

父親がK大学出身のせいもあって「自分も絶対そこに行く」と言っていますが、正直ギリギリか、危ないレベルです。5年生以降はほぼ毎日塾に通い続け、6年になってからは家でもかなり遅くまで勉強しています。

本当に一生懸命やっているだけに、もし不合格だったときにどれほど落ち込むかが心配です。私もどう励ませば良いのかまったくわかりません。

受験が近づくにつれ、イライラしてきているようで、私も主人も何だかはれものにさわるような感じで、ついご機嫌取りのようなことを言ってしまいます。

■子どものイライラや焦りに同調して今できることを探させる ――（中野）

ご夫婦が娘さんの中学受験を決めたとはいえ、現在本人が「絶対そこに行く」と言っているのは良い状況だと思います。困難を乗り越えようと努力した経験は娘さんを大きく成長させるでしょう。

まずは、落ちたときのことはさておき、合格までどのように応援するかを考えましょう。

イライラしてきているということは、未来に起こりそうなことや、過去に起こったことに対して腹を立てているということでしょう。いずれにしても、娘さんの心が「今」にいないということです。こういうときは、そのイライラにさりげなく同調しながら、徐々に「今」すべきことに集中するように関わってあげましょう。

「これだけ頑張ってきても100％合格できるかどうかわからないなんて、誰だってイライラするよね」

「毎日頑張っているね。合格圏内ギリギリって、アタマに来ちゃうのよね」

「今、できることは何かな？」

「もうちょっと、頑張ってみる？」

などと、「今」に戻してあげるように話すといいかな、と思います。

そして、もしも、これだけ頑張っても落ちてしまった場合は、悲しみや落胆に同調しながら、やはり「今」に戻して集中できるように、未来を考えられるように関わってあげましょう。

お母さん自身もがっかりしてしまうでしょうが、あまり一緒に悲嘆にくれてしまうと、娘さんは「自分が落ちたことでお母さんをがっかりさせた」「お母さんを泣かせてしまった」とさらに悲しむでしょう。

「どんなに悲しいかよくわかっている」ということをしっかり伝えたうえで「そんなに悲しむことはない、どんなに頑張ったかよくわかっているし、お母さんはそれが何よりうれしいし、頑張ったあなたをいくら褒めても褒めたりない」と抱きしめてあげてください。

■落ちたときの心配をするより「今」をほめよう――（森本）

お気持ちは非常によくわかるのですが、今から「落ちたときのこと」「落ちてからのこと」を考えすぎないようにしましょう。むしろ「今」どうやって支えるかのほうが大切です。

その上で、アドバイスをするなら、このケースもやはり「結果」ではなく「プロセス」をほめるべきです。

それまで娘さんが続けてきたプロセス＝行動を、思い切り承認（褒める）してほしいと思います。人生にはプロセスがどんなに良くても結果が望んだ姿ではないこともあります。しかし、そのプロセスを軽んじてしまえば、良い結果は決して得られません。ですから幼いながらも中学受験に対峙して全力で頑張ったという事実を承認してあげてください。そして、その頑張りがお子さんの今後の人生に必ず役立つことをまずお母さん自身が理解し、娘さんにも伝えてあげましょう。どのような学校で学ぶかではなく、どのような姿勢で学ぶかで、人間のその後の人生は決まると思います。偏差値の高い難関中学に入ったからといって、素晴らしい人間であるとは限らず、また幸せになれるともいえません。

ケース11

年上の部下をどうやって叱ればいいか悩むプロジェクトリーダーKさん

同じプロジェクトを進めているチームに、要領がいいというより、何かにつけてすぐサボる、休憩する、打ち合わせに出るといつまでも帰ってこない、「3日後までに」と頼んだものでも必ず半日から1日は遅れる、というやつがいます。僕がプロジェクトリーダーなのですが、その人は僕より2歳上です。

会議でも、日程は早くに決まっているのに「やっぱりオレその日ダメだわ」とだいたい1～2日前に言い出して変更を求めてくるし、めんどうな仕事を一番若くておとなしい女子社員に押しつけようとする傾向もあります。

かなり周囲に迷惑がかかっているのですが、本人はまったく悪びれる様子すらなく、周囲の空気はさらに悪くなりつつあります。

「先輩！　ビシっと言ってやってください！」と後輩から言われていますが、人を叱るというのが非常に苦手です。しかも相手が年上なのでなおさら言いにくいのですが。どうすれば良いんでしょうか、こういう場合。一応、プロジェクトリーダーなので、このままではまずいのはわかっているのですが。

■敬意を持って接し「指示」より話し合うことを重視しよう――（中野）

年功序列社会が崩れた時代だからこその悩みですね。役職の数は年々減る傾向にあり、しかも管理職やリーダーになりたいという人も減っています。その一方で女性管理職が増えました。結果として、年上の部下を持つケースが増え、入社してからまったく役職につかないまま定年を迎える人も増えているのです。女性管理職の下につく男性も多くなりました。職場の環境はどんどん変化しているということです。

さて、Ｋさんの部下になった人たちは、どんな思いでこうした「今」の状況を受け入れているのでしょうか。

私が初めて管理職になったとき、年下の部下はたったひとりでした。ほかの部下はすべて年上です。そのときにまず私がしたことは、部下であろうとも、人生の先輩である年上の人には敬語で話すこと、敬意を持って接すること。そして、単に指示・命令をするよりも「よく話し合う」ことを心がけました。

自分ではそれなりに部下たちとも良い関係がつくれたと思っていました。しかし、私はうまくやっていたつもりでも、おそらく年上の部下は自分たちの立場について「自分は評価されていない」「丁重に扱われていない」「本来自分はもっと力がある」という思いを抱えていたと思います。上司である私に対して強い不満はなかったとしても、胸の奥にはこうした思いがきっとあったはずです。しかも、その心の叫びを誰かに打ち明ける、分かち合うという機会はほとんどないでしょう。もしあっても、かなり話しづらいと思います。

けれど、なんとか、その胸のうちを聞く機会をつくることはできないでしょうか。

そして「叱る」ということではなく、「フィードバック」の手法を使ってみてください。「ああいうことはやめてください」ではなく「私にはあなたはこのように見えています」「私はこう感じます」という形で率直に先輩に伝えてみてはどうでしょう。

たとえば、

「決められた納期に必ず半日～1日遅れてしまうということは、納期までに仕上げるということに責任を持っていないように感じます」

「しばしば、あらかじめ決まっていた会議の日程の変更を申し出てこられるのは、私たちの会議を重要視していないように見えます」

「受け持った仕事を女子社員に投げてしまうのは、最後までこの仕事に責任を持つというお気持ちがないよう思います」

難しいかもしれませんが「今度は絶対に遅れないでください！」「会議の変更はもういい加減にやめてください！」「女子社員に仕事を丸投げするのはやめていただきたい！」だと、言い方にもよりますが、その人はふてくされるか、ヘラヘラするだけで、たぶん行動は改善しないでしょう。1回ぐらいは改まるかもしれませんが、おそらくまた元に戻ると思います。

フィードバックは、「私にはこう見える、感じる」という視点での「意見」です。それは相手に、「自分で考える機会」を与えることです。

自分で気づいていく機会を提供できれば、上司として、とても良いきっかけを与えたことになるのではないかと思います。

（森本）

■叱るよりも「リクエスト」と「期待」で気持ちを伝える

とくに日本の社会では年上の人を叱る、というのは非常に難しいことのひとつかもしれません。しかし、仕事では役職、役割上、年下でも年上に多少厳しいことを言わなくてはならないこともあるはずです。

ただ同じ伝えるにしても、どのようにそのことを伝えるか、が大事です。

まず、部下であろうともあなたよりも年上なのですから、敬語を使いましょう。

伝え方としては「叱る」ではなく、まず「リクエストをする」ということが考えられます。現状を伝え、自分や他のチームメンバーが困っているという事実を伝えます。その上で、「現状を良くするためにはあなたの努力が重要です」ということを伝え、「やってほしいこと」を現実的、かつ具体的にリクエストするのです。

リクエストが多すぎると相手は動きません。リクエストは最大でも1回に3つまで。それを伝えてから、「自分はあなたにとても期待しています」というメッセージを伝えればよいと思います。

あとがき

この本を製作しているとき、日本と世界にはさまざまな困難が襲いかかりました。新型コロナウィルスの世界的な感染拡大です。これはスポーツの世界にも大きな影響を与えました。ほとんどのスポーツの試合が延期や中止に追い込まれています。

２０２０年に予定されていた東京オリンピックも延期が決まり、大会の運営側、楽しみにしていた世界中のスポーツファンはもちろん、多くのアスリート、アスリートを支えるスタッフ、家族、彼らを応援するすべての人が大きなショックを受けました。

とくにアスリートたちは、自身の健康はもちろんのこと、練習場所の確保、モチベーションの維持、さらに手にしていた出場権がそのまま維持されるのかどうかなど、不安は山のようにあるでしょう。

しかし早い時期からアクションを起こしたのもアスリートたちでした。ある人は自宅でできるトレーニング動画を投稿し、ある人は正しい手の洗い方を子どもたちに動画で教えています。自分たちだけの心配でも大変な時期に、こうした発想を持てることは素晴らしいことだと思います。この本でも書きましたが、スポーツというのは勝つことだけが目的ではなく、人間的に成長し、何らかの社会的貢献につながることが大きな目的のひとつなのだということをあらためて思い起こさせてくれました。

私たちは応援している彼らから応援されて力をもらいました。支援している相手から、大きなものを受け取ることもあります。

この本では、「応援する気持ち」を「正しい形」にし、「正しく伝える」ための技術をさまざま紹介してきましたが、こうした苦難の時期にこそ、「応援」は大切です。スポーツに限らず、多くの場所で、多くの人が、より素晴らしい応援を続けてほしいと思います。

そのためにこの本が少しでもお役に立てれば幸いです。

ウィルス拡大が終息し、すべての人がすべてのスポーツを心おきなく楽しめるときが来たとき、この試練がスポーツを愛するすべての人を今より強くしてくれることを願っています。

2020年4月

森本貴義
中野達也

ラムの後には現場実践形式の課題があり、その結果を後期の学びに活かすという構成になっており、研修と実務が結びつくように考えられています。

【ベーシック・コースの概要】

●トレーナーのアライメントモデル

トレーナーのミッションや持つべき価値観、目指すべき目標像、目標を実現するための具体的な方法を学び合います。

●トレーナーのコミュニケーション

キャリブレーションのスキル、会話のスキルや会話の定型について学んでいただきます。

●トレーナーのマインドを育む手法

SCMAについてはこちら↓

【アドバンス・コースの概要】

●クライアントとの信頼関係を深める4つの手法

●トレーナーの能力開発、3つの手法

【講師陣の紹介】

プロフィール

今給黎　勝（いまきゅうれい　まさる）

1942年12月25日生まれ、鹿児島県出身

大学卒業後、機械機具メーカーを経て、経営コンサルタント会社勤務。

1993年　株式会社ヒューマン・リンクを設立（現会長）

2010年　株式会社日本チームコーチング協会設立に参加（現会長）

株式会社NIコンサルティング監査役、中小企業診断士

PHP研究所認定ビジネスコーチ上級、PHP研究所認定チームコーチ

著書に『躾・教育をシフトするキーワード40』（梧桐書院）、『チームコーチング』（ギャラクシーブックス）

鴨井　啓（かもい　ひろし）

1962年9月20日生まれ、京都府出身

大学卒業後、保健体育科の教員として高校に赴任。野球部の監督を務める。

その後、アスレティックトレーナー、フィットネスインストラクターを養成する専門学校を経て、

2004年　株式会社リーチ代表取締役

2010年　株式会社日本チームコーチング協会取締役

PHP研究所認定ビジネスコーチ上級、PHP研究所認定チームコーチ

米国NLP協会認定マスタープラクティショナー

共著書に『健康・スポーツの社会学』（建帛社）

SCMA(エスシーマ)について

「まえがき」でご紹介したSCMA (Successful Coaching Method for Athlete)の研修は2015年4月、大阪で初回が開催されました。チームで働いているアスレティックトレーナーやジムに勤務するトレーナー、ヨガの指導者などの皆さんが参加し、それ以降大阪と浜松で定期的に開催されています。

この研修プログラムはフィジカルトレーナーとビジネスコーチの交流の中から生まれたものです。

トレーナーの仕事は主に3つの目的を持っているとされます。

それはアスリートや、健康維持のためにトレーニングをする人たちのパフォーマンスの向上、ケガの防止、そしてケガからの復帰のためのリハビリテーションです。

その働きを十分に果たすためにまず必要になるのは、パフォーマンス向上のための知識と目的を実現するためのスキルです。つまりパフォーマンスを上げるためには、体のどの部分をどのように使えばよいか、柔軟にしたらよいか、強くしたらよいか、ケガを防ぐためにはどの身体部位の強化が必要か、そのためにはどんなストレッチやトレーニングが効果的か、といった専門的な知識で、これらは各種大学や専門学校などでも基本的なスキル習得は可能です。

しかし、もうひとつ、非常に重要なことがあります。それはクライアントが「人間」であるということです。トレーナーのさまざまな働きかけが有効に働くためには、クライアント自身の前向きな気持ちと強いモチベーションが必要不可欠です。そしてこのモチベーションはトレーナーとクライアントの間の「人間同士の信頼関係」がなければ生まれません。

トレーナーには、身体の強化やメンテナンスに関する基礎スキルに加え、相手との間に信頼関係を築き、クライアントのモチベーションを引き出すためのスキルが必要なのです。時としてこれは、基礎スキル以上に重要です。

私たちは「コーチングこそがそのスキルだ!」と確信し、研修プログラム開発に取り組みました。

SCMAはコーチングのスキルを学ぶプログラムだけではなく、トレーナーが自分の仕事にプライドを持つためのプログラム、トレーナーとしての適切なマインドについて習得するプログラムなどから構成されています。

研修は前期2日間、後期2日間の4日間で構成されるベーシック・コースと、同じく4日間のアドバンス・コースから成り立ち、どちらのコースも、前期プログ

森本貴義（もりもと たかよし）

1973年京都府生まれ。（株）リーチ専務取締役、関西医療大学客員教授。オリックス・ブルーウェーブ、シアトル・マリナーズ、WBC日本代表のトレーナー（2006年、2009年）などを経て、現在はプロゴルファーの宮里優作選手やシアトル・マリナーズのフェリックス・ヘルナンデス投手のパーソナルトレーナーも務めている。著書に『一流の思考法』『プロフェッショナルの習慣力』（ともにソフトバンク新書）、『勝者の呼吸法』（共著）『間違いだらけ！ 日本人のストレッチ』（ともにワニブックス［PLUS］新書）ほか。

PHP研究所認定ビジネスコーチ上級

米国NLP協会認定マスタープラクティショナー

中野達也（なかの たつや）

1967年埼玉県生まれ。（株）ステート・マネジメント・ジャパン代表取締役、（株）日本チームコーチング協会取締役、（株）ワイズユナイテッド取締役。2004年よりコーチングを学び、NLP（神経言語プログラミング）のスキルも使いながら、セラピーからコーチングまでクライアントの状態に柔軟に対応。クライアントは幅広く、経営者や上場企業の役員・管理職、医師、ジュニア世代のアスリートなど。（株）リーチが提供しているSCMA（Successful Coaching Method for Athlete）のトレーナーを務めている。

PHP研究所認定ビジネスコーチ／チームコーチ

米国NLP協会認定トレーナーアソシエイト

リーチHP
http://www.reach4d.jp

応援する技術

成功するメンタルを育てる最強のコーチングメソッド

2020年5月10日　初版発行

著　者　森本貴義　中野達也

発行者　佐藤俊彦

発行所　株式会社ワニ・プラス
〒150-8482　東京都渋谷区恵比寿4-4-9 えびす大黒ビル7F
電話　03-5449-2171（直通）

発売元　株式会社ワニブックス
〒150-8482　東京都渋谷区恵比寿4-4-9 えびす大黒ビル
電話　03-5449-2711（代表）

印刷所　中央精版印刷株式会社

デザイン　喜安理絵

構成・編集協力　相沢光一